課程統整模式

《原理與實作》

周淑卿主編

濤石文化事業有限公司
WaterStone Publishers

作者簡介

🐞 放風箏

郭媛玲	台北市中正區河堤國小	生教組長
劉文章	台北縣三峽鎮安溪國小	輔導主任
藍美玉	台北市文山區明道國小	校長
王明堂	台北市中山區長安國小	教務主任

🐞 雨

陳春秀	台北縣板橋市莒光國小	教師
林怡呈	彰化縣北斗鎮萬來國小	教師
利一奇	台北縣土城市廣福國小	教師
蔡麗華	台北縣新莊市民安國小	教師

🐞 蠶

| 秦嗣輝 | 台北市國語實小 | 研究組長 |

🐞 男女同不同

黃淑茹	台北市萬華區龍山國小	教務主任
陳浙雲	台北縣教育局	督學
管淑華	台北市文山區辛亥國小	教務主任
邱惜玄	台北縣汐止鎮東山國小	校長

🐞 我很特別

| 鄔時雯 | 台北市文山區興華國小 | 教師 |

🐞 埃及王子

姜鵬珠	台北縣復興國小	輔導主任
陳素紅	台北縣永和國小	教務主任
陳昌維	台北縣三重市五華國小	教師

🐞 小狗狗怎麼辦

| 吳心怡 | 基隆市中正區忠孝國小 | 教師 |

序

　　雖然當今文章已不是千古事，但是出版一本書的感覺仍然是沈重的。因為一本書仍然可能影響一些閱讀過它的人，也可能間接影響這些人所做的事情。尤其是在九年一貫課程推行正熾，討論課程統整的書籍、文章、成果專輯有如過江之鯽時，在擁擠的書市中再出版一本，總該有個正當的理由。

　　兩年來我曾奔走於大大小小的演講、研習會場，講述所謂的「課程統整」，也曾就自己的思考與觀察寫了幾篇論述。這其間，閱讀過一些相關文獻，看過一些國內外的課程設計實例，自己也一直在思考如何結合理論與實務。今（2001）年春天，在課程與教學研究所開了「統整課程研究」的課；我的學生多是經驗豐富的國小教師，其中不乏九年一貫課程試辦的參與者。一學期來，我們在課堂中相互詰問、論辯，也試著就一些統整課程的設計模式，實際運用於九年一貫課程的架構中。課程方案設計完成後，他們也在我的建議下，不厭其煩地進行修改工作。為了表示教授不是光說不練的，於是我也自己設計了兩個方案。在這個過程裡，我深刻體會，課程設計並不是一件容易的工作。所以，有經驗的讀者還可以為這些方案提供更多改進的建議。

　　這本書旨在清楚陳述幾個課程統整的設計模式，包含基本理念及設計步驟，以及如何與九年一貫課程的能力指標配合。讀者可以由各個模式的設計解說，配合實例的對照，進一步了解這些模式如何轉化為實際的方案。這也是本書與一般教學活動專輯不同之處。

其實，我一直不希望任何模式或作法成為範例。本書所談的理論與實例只是個人對課程統整的一些理解，可以拋磚引玉，提供諸位讀者作更深入的討論。或者學校教師們也可以嘗試本書的各種作法，並實際檢討問題，讓課程統整的概念愈辯愈明。

　　本書承蒙濤石文化公司陳重光先生不棄，慨允出版；林芳如小姐在編輯工作上大力協助；國北師院課研所吳心怡同學協助處理相關事務，謹此一併致謝。也感謝所有在演講會場、課堂上提出問題與我討論的人。但願本書的出版並非徒然，而對課程的改革有些微助益。

周淑卿　於國北師院
2001年11月

目　錄

Part I

課程統整的設計模式解析

周淑卿

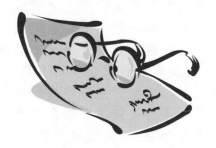

　　若你問：「課程統整是為了什麼」？最常得到的答案是：「課程統整是為了打破學科之間的界限」。若再追問：「為何要打破學科界限」？可能獲得的回答將是：學科課程著重各學科既有的知識體系，使學生學得的只是零碎片斷的知識，無法解決實際生活的問題。反過來說，統整課程要讓學生學到具有整體性、連貫性（coherent）的知識，以解決實際問題。然而，在這個流行的說法裡有兩個值得進一步討論的問題。其一，所謂「打破」學科界限是一個相當模糊不清的說法；究竟統整課程中的學習內容是否仍應保留清楚的學科性質，而著重於尋求學科內容之間的聯結？若是如此，學科與學科之間又應如何聯結才是統整？抑或，統整課程即應完全去除任何學習內容的學科屬性，讓學科完全消失？然而去除了學科標記的學習內容，即可有助於學習的統整嗎？其二，學科界限分明的課程就無法建立解決生活問題的能力嗎？如果學生缺乏解決問題的能力，究竟是學科課程設計不當所致，或是學科本身既有的問題？前述的兩個質疑，是在設計統整課程時必須澄清的問題，尤其是在統整課程中學科應有何種地位，以及學科之間究竟應有何種關係。

　　前述的幾個問題其實涉及幾個教育與課程上的基本假設。首先，所謂「受過教育的人」（educated person）應該具有的素養或能力，是精粹主義（essentialism）主張的，能熟知人類文明與知識精華，或者是進步主義所認為的，能不斷自我改造經驗，解決實際的生活問題？其次是「何種知識最有價值」的問題。是那些由學科社群針對各種人事物現象研究所得的學科知識，或是與學生生活直接有關的事物及其原理原則？再則是「知識應如何組織才適合學生學習」。是依據學科既有的邏輯系統，或是依據學生所關心的問題次序？這些基本假設讓一位課程設計者決定是否要進行課程統整；即使同意課程統整，其所界定的統整意義何在；以及要以何種模式進行統整課程的設計。

　　然而，由於對統整課程的基本假設未作深入理解，以致許多教育人員對主題式課程存有諸多迷思。正如Pring (1971) 指出，任何課程統整的方案都蘊含著深層的知識論、學習論與價值觀；如果要說明統整的意義就必須包含對這些深層假設的說明。然而因為許多教育人員並不探究這些觀點，於是在傳播或交換統整課程的觀念時，似乎都將統整視為自明的意義，也因而產生許多似是而非的方案。

　　目前在台灣的課程統整方案多以主題式課程進行設計，而且幾乎成為唯一的統整方式。所謂「主題式」課程，其中可能混雜了「多學科式」(multi-discipline)、「科際式」(inter-discipline) 的想法與作法，但是在實務上，幾乎很難找到「超學科式」(trans-discipline) 的方案。大部份的學校教師只知「主題式」課程，但未深入理解「主題式」課程中不同理論基礎所展現的不同設計方式。此外，所謂超學科課程，本身也有不同的設計模式，同屬一種課程的哲學觀。這些不同的模式背後的知識論、課程觀都值得進一步探討，方才有助於統整課程的設計。

　　本文旨在分析不同統整課程模式的設計方式及其基本假設的差異，並提出對學校人員進行課程設計的建議。

主題式—科際式與超學科式

　　科際與超學科式的主題課程架構，皆是以一個主題為中心而形成學習內容網絡，然而課程的著重點及設計方式卻有所差別。科際課程設計的起點在主題；由主題分析出相關的概念或可探究的問題，再將這些內容依知識屬性歸入學科領域（如圖1）。超學科課程的思考起點亦是主題，但是不同於科際課程的是，不再確認主題相關概念的學科屬性（如圖2）。

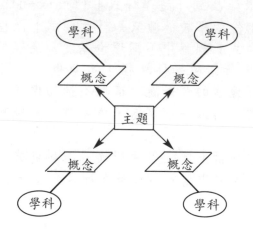

圖1：科際式課程

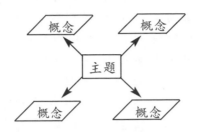

圖2：超學科課程

科際式

　　科際式課程設計的思考起點在主題。依主題分析出相關的概念，再依概念屬性歸入不同學科，再針對這些不同學科概念進行探討。依Jacobs（1989）的建議，主題可由師生共同決定，其後師生共同腦力激盪以找尋與主題的問題、事件、材料。在建立起學習內容網絡之後，教師應通盤思考整個學習內容，提出一些「導引問題」（guiding questions），以確認學習範圍、科目之間的關聯與學習順序。這些「導引問題」聯結了各學科概念，共同探討主題內涵。Erickson（1998）指出，科際課程的主題裡安置了一個「概念透鏡」（conceptual lens），於是相關的各學科均使用共同的透鏡、利用一些學科概念作為工具來探究主題。在此模式中，相關的學科對本身內涵的理解有其深度，而不同學科也結合起來探究一個共同的問題。Erickson認為，為了讓學科概念相互聯結，並且讓概念進一步形成通則（generalization），以便讓學生學習遷移，因此在「導引問題」提出之前，應該先找尋學科概念之間的關係，而形成一些「重要理解概念」（essential understandings）。如此一來，在一個共同的主題之下，雖然概念的學科界限分明，然而藉著「概念透鏡」和「重

要理解概念」，學科之間產生了密切的關聯性，也構成了統整課程。一方面可以培養對學科概念的深入理解，一方面則結合不同學科的探究角度，理解中心主題。

科際式課程常易與多學科課程混淆。多學科課程的思考起點在各學科知識，每個學科將在主題的範圍內尋找各自領域中相關的知識。主題的作用在於劃定一個範圍或提供一個素材以供各學科探討各自的知識內容。學科知識才是學習目標，主題只是一個導引線索，甚至可能是一些訊息總和的「名稱」而已。Erickson（1998）觀察多學科課程，認為大多數的設計者由各自學科中所提出的探討內容多為「事實」（fact），較少「概念」（concept），學習層次較低。Brazee與Capelluti（1995）也發現，多學科課程經常是以一連串的活動形成一個主題單元，但是卻可能太過瑣碎，且忽略核心的重要訊息，未將主題內容作系統性的呈現。為何由各學科在主題之下所提出的多為事實而非概念？理論上，各學科仍然可能提出概念，除非設計者未經深思，只憑不假思索的直接聯想。我們可以試著用實例來推論。第一個情況是「主題是某個概念」。作為一個欲結合不同學科的中心主題，這個主題概念不能是專屬某個學科的概念，而必須是更一般性（general）的（例如權利）。然而這樣的概念範圍太大，在不清楚其次概念的狀況下，由學科角度來思考，最直接想到的將會是該學科慣常處理的素材與現象。例如以「權利」為主題，政治學會提出「政府與人民的關係」，社會學會提出「人權」，生物科可能提出「動物的生存權」；但是對語文和數學此種工具性質較強的科目而言，就只能提出一些活動—統計人權問題、閱讀相關文章。第二種情況是「主題是一個現象或事實」，例如「社會中的媒體」。社會科談媒體發展史，音樂科談音樂媒體類型，美術科談媒體的視覺效果，科學談媒體的科技。雖然提出的都是「事實」，但是各科的學習仍將涉及諸多概念。所以，多學科課程並不見得降低認

知層次。其實多學科課程既然分科屬性強，也更接近學科課程，其學科概念應不致於被忽略，而不易掌握的應是這些學科知識之間的相關性。

　　由於各學科各以本身知識為重，雖然有一個中心主題，但是缺乏「概念透鏡」來結合各學科的焦點，於是這些被放在同一個架構中的學科並未共同發生作用，彼此的關聯性必然較弱。如前「社會媒體」例，音樂類型與美術的視覺效果無關，二者與媒體發展史亦無關聯；除非媒體科技談到科技演進史，否則亦難與發展史有關。以學校的實際情況而言，採用多學科課程設計的教師通常非常重視學科本身的邏輯順序，相互調整配合的可能性甚微，於是學科知識間要建立相關性就更難了。學科間的相關既弱，亦顯見主題不具有課程組織中心的功能。圖3與圖4的例子可以顯示科際式與多學科式的差異。

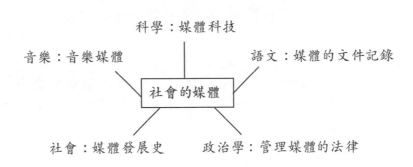

圖3：媒體主題的多學科課程

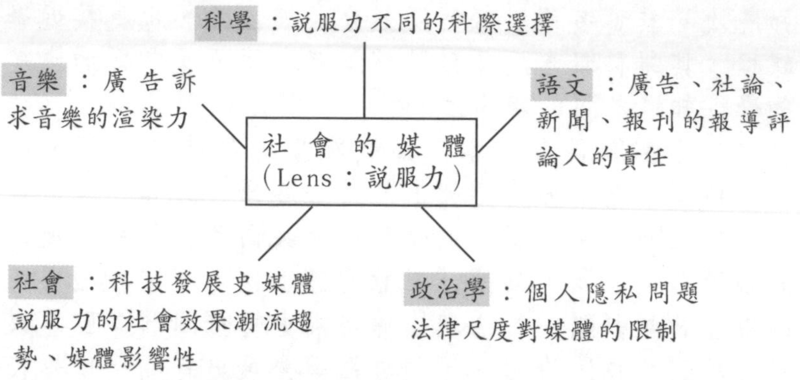

科學：說服力不同的科際選擇

音樂：廣告訴
求音樂的渲染力

語文：廣告、社論、
新聞、報刊的報導評
論人的責任

社會的媒體
（Lens：說服力）

社會：科技發展史媒體
說服力的社會效果潮流趨
勢、媒體影響性

政治學：個人隱私問題
法律尺度對媒體的限制

重要理解概念：
1.科技的發展促進媒體的渲染力與影響範圍。
2.文字、音樂、影像的媒介具有不同的傳播效果。
3.媒體有影響社會的力量，所以有其社會責任。
4.媒體報導會涉入個人隱私與社會責任的兩難。
5.法律對媒體責任有所約束。

圖4：媒體主題的科際課程

　　分析科際課程的結構，主題之下的各個學科概念的選
擇乃是因為這些概念與主題直接相關，而非因為其在特定
學科中的代表性（Marsh, 1997,96）。學習者應透過各學
科概念，從不同的角度理解主題內涵；主題既是課程的目
標也是組織中心。而各學科之間的相互聯結，則依賴
Erickson所謂的「概念透鏡」及「重要理解概念」（可再
進一步轉化成Jacobs所謂的「導引問題」）。一如Erickson
所言，統整課程的目的在於培養統整的思考能力，亦即站
在概念的基礎上，以及可遷移的理解層次上來看待知識之
間的關係，主題雖然作為課程的目標，然而學習目標並不
在於主題所包含的事實，而是主題之內的重要概念，這也
是何以要有「概念透鏡」存在的理由。

超學科式

　　超學科課程的思考與科際課程最大的差別,即在於完全忽視學科分際的存在。主題之下所探討的概念並不再進行學科屬性的確認,於是也不存在「學科之間」相關性的問題;整個課程的目標就在探討中心主題,所以主題對超學科課程而言最重要。Beane (1995) 認為,主題是所有學習內容的脈絡,所以建議選擇主題時應先考慮學生的經驗如何進入學習的意義架構 (schemes of meaning)。因此植基於文化、背景、個人知識的主題,更能被理解,也更具意義。Drake (1998) 也指出,對超學科課程而言,主題就是真實的生活脈絡,所有概念的學習就是為了理解真實生活的問題。所以由主題的形成,到概念的分析、學習活動的安排都應由師生共同參與。然而,學科知識在超學科課程中又居何種地位?事實上學科素材與概念並未被忽視或捨棄,而是在主題脈絡中重新安排。Beane (1993) 認為,統整課程要問的不是該不該有學科知識,而是如何將這些內容放入學習者的生活中去運用。事實上,不論我們是否給予某些概念設定學科身份,在既有的學術架構裡,某些概念的確是某個學術社群的研究範疇。然而,學生的學習目標在於靈活運用各種概念來解決問題,並不在於辨別概念的學科屬性,若強調學科範疇,只是徒然切割學習的整體性,並且帶領學生進入一個疆域分明的知識世界。

　　Beane (1997) 認為統整課程以「個人—社會」的主題探討為目的,所有可用以探討主題的概念皆可納入主題架構中,而沒有學科界限;多學科課程的學習重點則在學科本身的系統知識的專精。以此而言,科際課程仍是Beane所認為的多學科課程,因為科際課程仍是以學科概念為學習重點。

　　然而,有沒有學科界限,是否會影響實際的概念架構?以同樣的「社會媒體」主題為例試著以超學科課程進行概念分析,可能得到的結果如圖5:

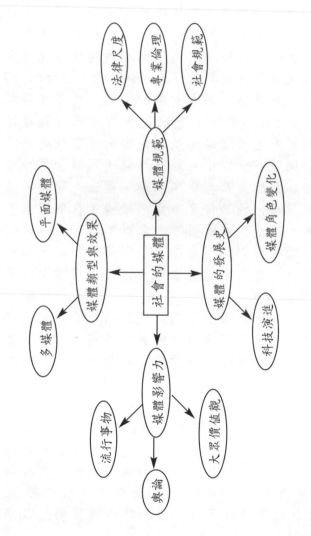

圖 5：媒體主題的超學科課程

超學科式課程架構中的各個概念因不屬於任何學科，因此次概念的延展性較強。例如科際課程中將「法律尺度對媒體的約束」置於政治學中，因此，有關媒體規範的問題僅由政治學觀點來探討，但是超學科課程可以由法律、社會規範、專業倫理的角度來討論。此外，超學科課程並不須再尋找學科概念間的聯結性，因為概念之間自然有關聯。例如討論媒體影響力自然涉及媒體類型及其效果，以及媒體規範；討論媒體類型與效果也涉及媒體科技演進；探討媒體角色演變也牽涉到媒體影響力。此外，科際課程可能受到學校既有科目的限制，超學科課程則較不受限。例如，有關專業倫理的概念在台灣目前的科目中，可歸屬社會領域（或社會科），然而社會科本身已是一種統整諸多社會科學知識的科目，依科際課程的想法，若未能確認概念的學科屬性，即難以確定概念的內涵。假如無法確定「專業倫理」的學科屬性，可能這個概念會被排除於外。

以下依主題的作用、學科地位、學科知識的關聯性、學生的參與等面向，將多學科式、科際式、超學式的主題課程模式比較如下表：

表1：多學科、科際與超學科設計模式的差異

	主題的作用	學科地位	學科關聯性	學生參與	學科教師間的溝通
多學科式	提供各科的探討範圍	是主要學習目的	弱	甚少或無	少或無
科際式	組織中心	學科概念是學習重點	較強	共同決定主題與相關概念	較多
超學科式	學習目標	學科知識仍重要，但經過重組，已無學科界限，亦無學科關問題		由主題到學習活動	充分合作

 問題中心與故事中心模式

問題中心模式（problems-based learning）

　　超學科課程將學習內容置於學生的生活經驗脈絡中，其目的在於建立對「個人—社會」關係的全面理解。除了主題式之外，問題中心模式與故事中心模式（story as organizing center）亦充分展現超學科課程的精神。

　　問題中心模式的起點在一個真實的生活問題，教師的課程發展與學生的問題解決過程是同步進行的。為了解決問題，師生必須共同經歷一個循環的歷程：（1）對問題的理解與計劃，（2）行動與分享，（3）對行動的反省，（4）對行動策略的再思考與修正（Drake, 1998）。在此種課程方案中，課程的設計遵循過程模式—目標是為了解決問題，然而，行動策略以及解決問題所須理解的知識內涵卻不是預先設定的，而是在師生共同的行動中逐漸形成的。

　　例如針對「策劃全班的畢業旅行」這個問題，學生必須查詢相關景點的背景資料，確定在既定的日數內可納入的景點及參觀重點。並且閱讀地圖、調查各景點的交通路線與食宿地點；考慮交通工具、天氣狀況、必備物品、計算所需經費、規劃每日行程，並分配行程中的任務。在事前的規劃過程中，學生必須像個專家一樣理解自己的問題，所以他們要清楚季節與天氣變化、熟悉地方的自然環境與人文特色、精算最經濟的支出方式。這些知識的學習很自然地成為一個整體，學生也有較強的學習動機，並且，這個課程本身即是師生的互動經驗。

故事中心模式

　　故事中心模式分為兩種型態：第一種是「說故事的課程」（Narrative curriculum），此種型態的「故事」是已存在的歷史、生活的問題或文學的故事，試圖透過故事內容導引學生思考個人生活中的故事或事件，形成個人的新觀點。第二種是「故事模式」（story model），此種型態的課程乃圍繞著個人、文化與全球性的故事而發展，試圖引導個人成長與促進社會改變（Drake, 1998）。二者皆是以故事作為問題探討的背景，藉著學生對故事的興趣，以及故事與人親近的性質，從中學習重要的概念與問題探究的方法。

　　說故事課程的發展過程如下：

1. 教師或師生共同選擇一個故事，共同討論故事的詳細內容。
2. 教師與學生敘述自己與故事有關的生活經驗或個人故事。
3. 讓學生提出對故事內容的質疑或相關問題，教師亦可提出值得探究的問題（架構如圖6）。
4. 師生共同探究所提出的問題，並讓學生提出自己的觀點。
5. 依據自己的觀點與期望，共同建構新故事。

故事中的問題		探討重點

蟲蟲危機

1. 螞蟻爲什麼要奉獻糧食給蚱蜢？ → 1. 生物間的敵對或和諧關係。

2. 馬戲團昆蟲爲什麼來幫助螞蟻？ → 2. 社會的權力不平等問題。

3. 爲什麼所有的螞蟻都聽從蟻后的命令？ → 3. 螞蟻組織的階層與從屬關係及其生活與工作狀況；人類社會型態與昆蟲的異同。

4. 螞蟻如何對抗蚱蜢的欺壓？ → 4. 以團結與智慧解決危機。

圖6：說故事的概念架構

故事模式的發展則是先找尋一個主題，藉這個主題引發師生許多相關的個人故事，再加入文化性、全球性的故事，繼而探討主題故事的過去、現在，形成建構未來故事的行動方案。其發展步驟如下：

1. 師生共同選擇一個有興趣的主題（具體的比概念性的主題好）。

2. 教師思考此主題單元的主要學習目標。

3. 師生共同敘述與主題有關的個人故事，以熟悉主題的內涵。

4. 發展「現在」的（文化性）故事：

　(1) 以腦力激盪共同建構主題的文化脈絡網（如圖7）。

　(2) 建立各次概念（或事實）之間的聯結性，形成可探索的問題。

　(3) 依據這些問題，提出「現在」人們發生的故事，他們的行爲、價值觀以及學生個人對這些事情的評價。

5.比較「現在」與「過去」的故事，其間的價值觀差別。

6.依據自己所認同的價值觀，建立「未來」的故事。

7.討論未來故事的行動策略。

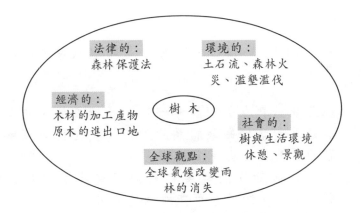

＊探索問題：

1.大量的木材多用於何處而造成樹木濫伐？

2.樹木大量消失造成我們生活環境上的什麼問題？

3.哪些地方是原木的最大來源？他們的林地消失對全球環境產生什麼影響？

4.法律對於樹木的保護有什麼作用嗎？

※此架構僅是可能的案例，實際情況要視師生共同討論的結果而定。

　　以上的問題中心模式與故事中心模式，皆著重以學生的生活經驗為脈絡，重視生活問題與議題的探索，其發展過程均著重師生經驗的互動，傾向於課程設計上的過程模式。這兩種模式亦屬於超學科式課程。

　　各種模式的設計方法或步驟的差異，反映的是其對於統整的界定，以及背後的知識論預設。以下由知識論與課程觀分析科際課程與超學科課程（主題式、問題中心式、故事中心式）之間的差異。

知識論與課程觀的差異

知識論

Pring（1973）指出，統整一詞的知識論預設大約有如下三種：

1. 認為知識具有全面的整體性，是連貫的、統合的；若缺乏對整個命題體系的參照，則任何一個單一命題的意義都無法完全被掌握。
2. 認為任何知識的發展都參照了某些探究形式與問題，因此，知識才可能解決實際問題。
3. 不同知識雖然有不同的概念結構與探究形式，但其間是具有關聯性的。
4. 認為在特定的廣域經驗（例如人文）中，知識是具有統合性的。

在第一與第二個假設裡，知識原本即是人類由實際問題的探究中產生的，本身是整體的。即使後來依探究方法與特定問題而分類成為學科，但是若要解決問題，仍須各種不同知識相互參照，才可掌握問題的意義與解決方式。第三個假設先承認學科分類的存在，但是認為其間會有關聯。然而對於此種關聯性的來源，學者卻有不同的觀點。Hirst（1974）指出現存各種知識的邏輯結構是迥異的、獨特的，不能被預設為一個整體。他認為依知識的不同邏輯結構及真理判準可區分為七種「形式」（form）——數學、經驗科學、人文科學與歷史、宗教、道德、文學與藝術、哲學。每一個形式之下包含了「次形式」，例如經驗科學中包含了物理學、生物學概念等；這即是統整。對於

不同形式之間如何產生關聯，Hirst的說法是較寬鬆的。他建議，可以將某種形式的概念用於另一種形式的問題上；例如，科學可以利用數學的概念（如數、量、空間），道德判斷可以依賴科學證據。因此不同形式的知識間產生了關聯。然而，Gibbons（1979）對於不同知識關聯性的建立則有較嚴格的界定。他認為必須先理解知識的本質（基本概念、推論形式、探究方法），才能確定是否可能建立關聯性。他舉例說，數學的概念是純粹、精確的（exact），物理學則是與實際現象對應的，較不精確（inexact），二者若要相互關聯，則須將物理現象的問題理想化，才能符合數學的推論計算。第四種假設與Hirst「知識形式」的說法接近，也主張在某個特定領域內，知識才有統合性。

依據以上的分析，可以將統整的知識論分為兩類：其一，不同知識可以統合在某個待決問題之下；易言之，用以解決問題的所有知識，本身即是一個整體。其二，知識本質各異，不同知識視本質而與其他知識產生相關性。前者可稱為「整體論」，後者可稱為「本質論」。

由前述兩個知識觀點分析，超學科課程以真實生活為學習的脈絡，視所有用以探討問題的知識為一個整體，並不區分學科屬性，對知識的預設屬於整體論。科際課程藉不同學科概念解決一個問題，但是要達到統整，則須提出一些聯結學科知識的「導引問題」，而導引問題必須視學科知識的性質才可決定哪些學科之間可以產生關聯；考量的方向可能採Hirst或Gibbons的建議。所以科際課程的假設應屬本質論。

課程觀

　　課程觀所關心的是在不同的課程架構中，所假設的「課程意義」與「課程目的」。

　　課程的定義一般而言有：目標、計畫、學科（教材）、經驗等。統整課程的目的則在追問：統整到底為了什麼？以兩種類型課程而言，對課程意義的界定都包含了目標與計畫的意義。但是在學科與經驗兩種意義上卻有不同的偏重。科際課程傾向於「課程即學科」，重視學科概念的理解，並以之解決問題；學科的知識系統仍是構成課程的主要內涵。超學科課程將主題置於「個人－社會」的真實生活脈絡中，透過師生對課程的共同建構，協助學生加深對自己與世界的理解。在課程的發展過程中，學習的內容並不是由學科加以界定的，而是基於師生的經驗，以解決問題為目的而發展的互動歷程。這也正是Beane（1997）所稱的「社會統整」及「經驗統整」。所以超學科課程以「經驗」為其課程意義。

　　科際課程與超學科課程都以問題探究為目的，但是若再推及更深層的課程目的預設，則二者仍有不同。科際課程仍強調學科分野，也由於學科仍具舉足輕重地位，於是學習內容主要仍是由教師決定的，學生的意見只是提供教師構思學習內容的來源之一；學科的學習依然是課程的重要目標。事實上，此種課程型態仍屬於學科課程思維的延續，仍然是「精粹主義」式的思考方式，教師或校外專家仍然是界定課程內容的權力中心，學生既居於學科社群金字塔的底層，並無太多決定權。因此，科際課程並未改變傳統課程觀之下的師生權力關係，也仍然在相當程度上視知識為學科社群的私產。然而超學科課程則完全去除學科界限，重視學生在課程發展中的主動建構，動搖了傳統學科課程中宰制性的知識權力，試圖營造教室內的民主氣氛，將課程統整導向一個新的課程觀點。表2為二者的重要差異比較。

表2：科際與超學科課程的基本預設差異

	教育哲學	知識論	統整觀點	課程意義	課程目的
科際課程	精粹主義	本質論	知識統整	學科	熟悉學科概念
超學科課程	進步主義	整體論	社會統整 經驗統整	師生經驗	建立生活問題 的解決能力

　　我們並不須設定一個「統整」的定義，而以此唯一的標準論斷哪一種課程模式更優秀。即使Beane這一派的觀點極力主張去除學科界限，但是也有如Martin-Kniep（1995）等人的觀點，認為如果教師不能好好紮根於學科基礎上，不管活動多麼有創意、教學內容多麼相關，統整都會變得沒有意義。設計者基於個人的知識論、課程觀，可以設計不同型態的課程以達到不同的目的。但是課程設計者必須先釐清自己的立場與教育理念，才不致盲目模仿課程設計的方法。

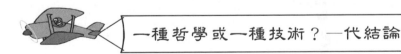

一種哲學或一種技術？─代結論

　　課程統整雖然是課程的組織方式之一，但是由不同設計模式中所蘊含的統整觀念及深層假設觀之，統整並不只是課程設計方式。它涉及了知識論的差異，以及對課程意義、教育目的、師生關係的不同觀點。借用Beane（1997）的說法，我們應該視課程統整為一種教育哲學。當我們從事課程統整的設計時，並非隨心所欲地組合學科知識或教

學活動,而應該對教育目標、所欲統整的學科結構進行深入分析。所以設計者應先釐清:透過統整,到底要達成什麼目的?(Relan & kimpston, 1991)並且了解不同的設計模式所蘊含的是何種不同的假設。否則將只是一直操作著不知何故的技術,更將學生帶上一條不知何往的道路;而這也正是目前許多學校教師在從事課程統整時最大的危機。大部份教師並未先澄清自己的教育哲學與課程觀點,甚至於有些教師從未想過自己有些什麼觀點,而只跟著一個不知何來的主題,設計一些活動。但是也在這個「模仿時期」裡讓許多教師開始思考課程的問題。有問題,不是真正的問題;發現有問題,才有可能解決問題。期待往後的課程統整及所有的課程發展工作重新回到課程哲學的基礎上思考,那麼,課程才可能有新的發展。

參考文獻

教育部（民89）。國民中小學九年一貫課程暫行綱要。台北：教育部。

Beane, J. A. (1993) . Problems and possibilities for integrative curriculum. Middle School Journal, 25 (1) , 18-23.

Beane, J. A. (1995) . Introduction: What is a coherent curriculum? In J. A. Beane (ed.) , Toward a coherent curriculum. Alexandria, Virginia: ASCD.

Beane, J. A. (1997) . Curriculum integration-Designing the core of democratic education. New York: Teachers College Press.

Brazee, E. N. & Capelluti, J. (1995) . Dissolving boundaries: Toward and integrative curriculum. (ERIC ED 397 982)

Drake, S. M. (1998) . Creating integrated curriculum-Proven ways to increase student learning. Thousand Oaks, California: Corwin Press, INC.

Erickson, H. L. (1998) . Concept-based curriculum and instruction—Teaching beyond the facts. Thousand Oaks, California: Corwin Press, INC.

Gibbons, J. A. (1979) . Curriculum integration. Curriculum Inquiry, 9, 321-332.

Hirst, P. H. (1974) . Knowledge and curriculum. London: R.K.P..

Jacobs, H. H. (ed.) (1989) . Interdisciplinary curriculum: Design and implementation. Alexandria, VA: ASCD.

Marsh, C. J. (1997) . Planning, management and ideology—Key concepts for understanding curriculum (2) . London: The Falmer Press.

Martin-Kniep, G. O., Feige, D.M. & Soodak, L.C. (1995) .

Curriculum integration: An expanded vies of an abused idea. Journal of Curriculum and Supervision, 10 (3) , 227-49.

Pring, R. (1971) . Curriculum integration. In R. Hooper (1971) , The curriculum: Context, design & development. Edinburgh: Oliver & Boyd in association with the Open Univ. Press.

Pring, R. (1973) . Curriculum integration. In R. S. Peters (ed.) , The philosophy of education. London: Oxford Univ. Press.

Relan, A. & Kimpston, R. (1991) . Curriculum integration: A critical analysis of practical and conceptual issues. Paper presented at the Annual Convention of the AERA, Chicago.

Part II

課程統整模式的實例與設計方式分析

Chapter 1
主題式課程（一）
——科際式

設計過程說明

形成主題

　　教師與學生就師生感趣的事件與現象，或是近來的困擾與生活問題，提出各種疑問。就眾多的問題進行歸納，以找出幾個重要的主題。這些主題中可能有些層次太高、處理的知識內涵太深，超出現階段學生的理解範圍，則可暫時保留。有些學生提出的感興趣的事物，可能價值性不高，但是教師可以適當地轉化，變成較有豐富意義的主題。例如，學生可能對流行偶像感興趣，但是某個偶像本身的相關事情並不具備課堂討論的價值。然而，教師如果能將之轉換成「偶像崇拜」之類的主題，用以探討流行文化、青少年偶像崇拜的問題，則一方面深具教育意義，一方面又符合學生的生活經驗。

　　主題的性質可以是一個較一般性，而不專屬於某個學科的概念，例如「平等」、「差異」、「變化」。可以是一個社會議題，例如「失業」、「流浪狗」、「河川污染」；也可以是一個事實或現象，例如「下雨」、「風箏」、「記者」。但是主題如果是事實或現象時，最好能設定一個概念焦點，接下來在形成概念架構時，才不會失焦，而顯得零散。例如：「記者」主題的概念焦點是「行業」。

　　主題可以訂得多大？要考慮課程的時間有多少。通常年級愈低，愈需要變換主題，以維持學習的興趣，所以主題不宜訂得太大。

分析概念架構

　　不管主題是何種性質，要形成一個統整的課程架構，設計者必須先分析主題的相關「概念」。為什麼要強調「概念」？因為如果我們想讓學生獲得的是可以遷移、應用的能力，就必須掌握學習層次較高的「概念」、「原則」，而不是教學生一堆的「事實」。於是，教師就必須先釐清，到底一個課程方案要讓學生學到哪些重要的概念。

　　在概念架構的分析上，教師應該邀請學生一起進行腦力激盪，藉由學生所提的相關問題或想法，再歸納出重要概念。

1. 師生共同腦力激盪，提出和主題有關的問題。教師可以對學生發問：「提到這個主題，你就會想到什麼？為什麼？」將腦力激盪的結果經過討論選擇之後列出來，就形成很多和主題相關的事情或問題。

　　例如，提到風箏，學生可能會提出：為什麼會發明風箏？是誰開始放風箏的？只有中國人才放風箏嗎？什麼樣的風箏飛得高？

2. 教師將這些事情或問題依其可能的學科性質，歸到不同學科或領域中。不同設計者可能對問題的學科性質有不同的認定，使得後來探討的重點不同，但是這種差異性應該存在，而且被鼓勵。

　　例如，將「風箏的發明」、「放風箏的目的」歸到社會領域；將「風箏如何才飛得高」的問題歸到自然領域。

3. 就這些問題的學科性質，抽離出學科內的重要概念。

同上例，可以抽出的概念如：風箏的來源與演進（社會）、風箏的飛行原理（自然與生活科技）。

建立導引問題

導引問題（guiding questions）的作用在於聯結概念之間關係，而此種聯結，正是構成課程統整的重要條件。在科際課程當中，導引問題一定要建立；但是在超學科課程中，就不是一定必要。因為科際課程仍有清楚的學科界限，而超學科課程本來就沒有學科界限存在。

要建立導引問題，就要先思考各個概念之間有什麼可能的關聯性。例如在後面的「記者」主題課程案例中，記者的生活型態、工作內涵、影響力這幾個概念聯結之後，可能形成以下的導引問題：

1. 記者的工作對社會大眾的生活有什麼影響？
2. 記者的工作內容使得記者有什麼樣的作息與生活方式？

藉著這些導引問題的探索，各個概念建立了密切的關係，也幫助學生建立了對問題的統整學習。

形成初步的單元目標

有了概念架構，就可以構思單元目標。但是通常在思考單元目標時，我們會同時構思：我可以用什麼方式讓學生獲得某種經驗，學得這些概念？單元目標也會包含「學習內容」和獲知內容的「方法或過程」兩類。所以設計者可以先由概念和自己構思的學習活動來形成初步的單元目標。

尋找對應的能力指標

為了確保學生達到九年一貫課程各大領域各階段的能力指標,在概念架構形成,學習活動設計之前,應該先尋找符合主題學習內涵的能力指標。

在科際課程中,由於各個概念都有清楚的歸屬領域,所以只要就所包含的概念去尋找本階段的領域指標即可。

再則,能力指標中有一些是屬於「學習方法」、「過程技能」的性質(例如科學方法、語文的閱讀與說話),這些指標的尋找,就得藉由之前構思的教學活動構想來尋找。例如,要安排學生進行共同設計並施放風箏的學習活動,可能我們可以找尋有關「與別人共同合作、溝通協調」之類的能力指標。而這個指標是單靠概念架構找不到的。

再者,因為被挑出來的指標,就要轉化為後面教學活動的目標。如果指標太多,反而不易設計教學活動;即使有教學活動,也很難達成這麼多的能力指標。所以能力指標在精不在多。

設計單元教學活動與評量方式

有了明確的教學目標和對應指標,即可依之前初步的教學活動構想,進一步將教學活動細步化。但是,由於教學活動進行過程中,師生可能會有其他超乎預期的互動經驗,所以教師不宜太被預定目標所限制。如果過程中師生有更好的學習,可以就這些學習經驗再增列適當的指標。

為利於不同專長或任教科目教師的協同合作,教學活動最好以完整的節數來設計。如此,在科際課程中,教師仍然可以分科教學,免於實際排課的困難。

單元一
記者

設計者：周淑卿
教學年級：六年級
單元總節數：16節

設計理念說明

　　目前的社會，因為知識的快速累積及傳媒科技的發達，人們對輕、薄、短、小的資訊充滿了高度的關切與興趣；而記者的角色在這樣的社會裡，是一個兼具知性與感性，且充滿挑戰的工作。對於學生來說，每天都可看到或聽到因為記者的工作與報導內容，而造成社會大眾所關注的問題。藉著個主題可以讓學生認識一個行業工作，以及了解工作與社會的關係。

　　教學活動以情境式的活動為導向，讓學生有機會實際體驗記者的工作內容及個中甘苦，更深入了解這個行業的內涵。

　　本單元的評量因應相關活動的進行而採用不同的評量方式，最主要的方式是歷程檔案評量。因此教師必須指導學生於學習過程中，不論是討論、表演、講述、實作...，都應一一蒐集個人的作品或分組成果，有耐心的、有系統的整理於個人檔案內。而教師更應該給予每學生不同的學習建議，以作為學生努力的方向。

課程架構

學習階段：第三階段

**涵蓋領域：語文、藝術與人文、社會、自然與科技、
　　　　　健康 與體育**

概念架構

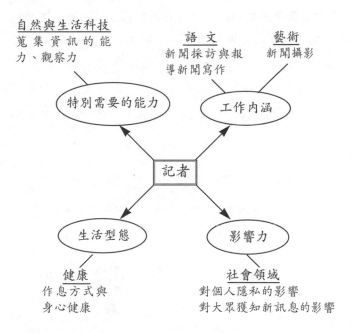

自然與生活科技
蒐集資訊的能
力、觀察力

語 文
新聞採訪與報
導新聞寫作

藝術
新聞攝影

特別需要的能力　　　工作內涵

記者

生活型態　　　影響力

健康
作息方式與
身心健康

社會領域
對個人隱私的影響
對大眾獲知新訊息的影響

※設計流程説明：先決定組織中心（記者）→依【記者】可以教給學
生哪些內容為方向（工作內容、對社會的影響、記者生活型態和特
別要求的能力），腦力激盪出教學內容的概念→將各概念歸入各學習
領域當中（語文、社會、自然與科技、健康與體育、藝術與人文、
生涯發展議題）。

導引問題

1. 「記者」要做哪些工作？在社會上扮演什麼角色與功能？
2. 記者要有哪些特別的能力才能勝任他們的工作？
3. 記者的工作和我們的生活有什麼關係？
4. 記者的工作讓他們本身的生活形態變得怎麼樣？

※根據上面的概念架構內容，將工作內涵與生活形態、工作內涵與特別的能力關係列成導引問題，學科概念之間就建立了很好的關聯性。

課程目標

單　元　目　標	能　力　指　標
1.了解記者的工作內容 2.了解行業工作與社會的關係。 3.認識記者對大眾生活所造成的影響。	【生涯】2-2-1認識不同類型的工作角色 【生涯】3-1-2發展尊敬他人工作的意識 【社】1-3-1表達個人的基本權利，並了解人權與社會責任的關係。
4.知道新聞資訊的來源途徑。 5.學習分辨訊息的可靠性。	【自】5-3-1-1能依據自己所理解的知識做最佳抉擇。 【自】1-3-1-2察覺一個問題或事件常可由不同的角度來觀察而看出不同的特徵。
6.嘗試新聞報導與寫作的方法。	【語】F-2-6能依蒐集材料到審題、立意、選材、安排段落、組織成篇的寫作步驟進行寫作。
7.以自動相機拍攝自己所關心的議題。	【藝】1-3-2構思表現的主題與內容，選擇適當的媒材技法，完成有感情經驗與思想的作品。
8.利用網路蒐集與傳送資訊。	【自】2-4-8-7使用網際網路蒐集資料傳遞訊息。 【資訊】5-3-1能找到合適的網站資源、圖書館資源，會檔案傳輸。
9.認識生活作息與身心健康的關係。	【健】1-2-3體認健康行為的重要性，並運用作決定的技巧來促進健康。

教學活動

教學活動要點說明

活動名稱	教學活動要點	節數	對應目標
活動一： 能知天下事	1.由新聞報導的剪輯影片，討論記者所做的工作，並發現記者的工作對我們獲得新消息的重要性。 2.由新聞類別的分辨，知道記者各有專門負責的重點工作。	一節	1.了解記者的工作內容 2.了解行業工作與社會的關係。
活動二： 記者會	邀請一位記者到班上與學生座談，讓學生真正了解記者的工作與生活型態，以及他們的工作困擾。	二節	
活動三： 一週大事	1.比較同一消息不同報導方式的差異，以及對閱聽者的影響。 2.讓學生透過不同的媒體資訊了解記者的報導也會對我們生活造成不好的影響。 3.學習分辨消息可靠性的方法。	三節	3.認識記者對大眾生活所造成的影響。 4.新聞資訊的來源途徑。 5.學習分辨訊息的正確性。
活動四： 新聞寫作	從幾則簡短的報紙報導文章，以及小學生的校園新聞報導，介紹簡單的新聞寫作原則，並讓學生練習寫一則短文。	二節	6.嘗試新聞報導與寫作的方法。

活動五： 照過來	1.練習自動相機的取鏡與拍攝方式 2.讓學生討論幾幅新聞攝影作品，並討論記者在攝影時所關心的焦點，以及如何用相機捕捉主要焦點。	二節	7.以自動相機拍攝自己所關心的議題。
活動六： 我是小記者	1.分組討論一個社區或校園中值得關心的議題，並且以此主題利用圖書館及網路資源蒐集相關資料。 2.指導網路資訊傳輸的方法。 3.指導採訪消息的要領。 4.分組完成採訪後，運用新聞寫作與攝影的技巧，呈現一篇報導。	四節	6.嘗試新聞報導與寫作的方法。 8.利用網路蒐集與傳送資訊。
活動七： 保健A計畫	藉由學生實地練習採訪的辛苦，討論記者的生活作息與身體健康的關係。	二節	9.生活作息與身心健康的關係。

教學活動內容

活動流程	師生的活動	時間	教學資源	注意事項
活動一： 能知天下事	1.引起動機：播放一段新聞報導的電視畫面及廣播內容，唸一段當日的頭條新聞。	10分	當日報紙 錄影帶 錄音帶	
	2.讓學生自由發表： ＊電視、廣播和報紙的報導，讓我們知道哪些事情？ ＊是誰去找到這些消息來告訴大家？ ＊這些消息有哪些不同類別？（政治、社會體育、娛樂、文教…） ＊除了消息的內容，這些電視畫面和報紙照片是誰去拍攝的？	20分		
	3.教師介紹「記者」這個行業，並藉由學生的回答說明記者的主要工作有採訪、寫作、攝影、報導等。依新聞的性質，各有專門負責採訪不同消息的記者。	10分		

活動二：記者會	1.將教室佈置成馬蹄型，教師與記者坐在馬蹄型座位的缺口處。	30分		1.教師約有經驗的記者到教室中與學生座談。
	2.請記者簡介自己和同事每天的工作狀況以及最常面對的工作問題。			2.學生預先作與工作內涵有關的問題。
	3.學生針對記者工作進行發問（若學生問題不清楚時，教師應協助發問。例如，怎麼能立刻知道哪個地方發生了什麼事？平常要不要準時上下班？）	30分		3.若學生能力許可，可由學生主持座談會，教師從旁協助。
	4.請記者簡述為何選擇此一行業	10分		
	5.學生自由發表對記者工作的感覺	10分		
	6.教師歸納總結，並請全班向來談者致謝。			

評量方式：學生整理記者座談會的重點，並略述心得。

活動流程	師生的活動	時間	教學資源	注意事項
活動三： 一週大事	1.請其中兩組學生代表上台唸出事先蒐集的不同報導內容。	10分	當日報紙 錄影帶 錄音帶	學生分組針對某一則消息，蒐集不同報紙、不同電視台的報導內容。
	2.針對上述的所整理的資料，教師提問： ＊相同的事件，記者報導的內容為什麼會有這些差異？ ＊哪一個說法比較可信？為什麼？	25分		
	3.學生分組就本組蒐集的新聞內容討論上述的問題作口頭報告，教師隨時再反問、作討論。			
	4.教師說明：不同的報導內容差別可能和記者自己的立場、報社和電視台的立場有關，如果要知道真相如何，最好多找幾個報導來比較看看，並且和家人、朋友討論其中合理或矛盾的地方。	5分		
	5.教師選擇一二則具有正向意義的新聞報導內容唸給學生聽，也邀請學生說明自己事先蒐集的報導。	20分		
	6.共同討論這些報導會有什麼作用？（揭發黑暗面，讓大家了解不合理的事；引起社會關心弱勢者...）	20分		
	7.以「狗仔隊」的一二事件與學生討論記者報導對個人隱私權的影響。	10分		

活動流程	師生的活動	時間	教學資源	注意事項
	8.依分組所蒐集的報導，假設自己是當中被報導的人，會有什麼感受。並討論： ＊你認為記者的報導方式和內容對當事人有什麼影響？	15分		學生蒐集報紙、雜誌報導中，自己很喜歡的一、二則，帶到教室。
	9.各組發表討論結果。	15分		
	10.教師歸納：記者報導方式與內容有時會傷害當事人，是不可取的作法。			

活動流程	師生的活動	時間	教學資源	注意事項
活動四：新聞寫作	1.教師發給各組一份由小學生所撰寫的校園新聞稿。		新聞稿	
	2.請各組討論文章的寫法和一般作文有什麼不同處。	15分		
	3.教師提示新聞寫作的要領。	10分		
	4.設定一個校園內或社區內的事件，請學生分組用新聞寫作的方式將這個事件寫下來。	40分		
	5.將各組的寫作內容投影出來，教師與學生共同討論並修正。	15分	實物投影機	
	6.教師再提醒寫作的要點。			
評量方式：檢視各組的新聞寫作內容是否流暢、達意。				

活動流程	師生的活動	時間	教學資源	注意事項
活動五： 照過來	1.請小朋友攜帶相機及旅遊相片，發表對相片之看法和研究如何取景。	15分	自動相機 新聞照片	若學生家庭不能提供相機，可與同組同學共同研究，或以班費購買數台「即可拍」相機。
	2.教師出示幾張新聞攝影的作品與學生討論，新聞上的照片與生活照有何不同？			
	3.老師介紹拍照之正確姿勢、方法與構圖取景之原則。	25分		
	4.老師說明光線對攝影的重要性，包含自然光、背光、補光。			
	5.師生討論一幅新聞圖片，仔細分析其特寫鏡頭，探討其取捨之原因。	15分		
	6.分組討論攝影主題。	25分		
	7.實際至戶外根據主題練習取景。			

評量方式：沖洗取回照片後，將照片透過實物投影機呈現，共同討論作品特色。

活動流程	師生的活動	時間	教學資源	注意事項
活動六： 我是小記者	1.學生事先觀察校園與社區內值得關切的議題。觀察的要點： ＊最近大家常常在談論的或對某些人造成困擾的事是什麼？ ＊和這些事有關的人、地、物是什麼？ ＊這件事情很重要嗎？			1.學生分組進行工作的過程不佔用課堂時間，但教師應隨時提供協助。 2.實際採訪預計二週的時間。

	2.就自己所觀察到的重要問題，提出簡要敘述，說明自己如何觀察，以及問題的重要性何在。 3.教師提出自己最近關心的議題，並說明觀察事件的要點。 4.分組討論一個採訪主題，可以校園或社區內最近的事件或人物事跡爲範圍。	40分		
	5.指導利用網路蒐尋、傳輸資料的方法。 6.將所蒐集到與主題相關的資料傳送給本組組員。	40分	電腦教室網路系統	
	7.教師說明採訪的方法與要領。 8.分組練習採訪方式。 9.提醒採訪前相關問題：例如事前的聯絡、要準備的物品、採訪時禮儀與態度、訪問的大綱（問題）、牽涉個人隱私等等問題讓小朋友討論。 10.分組討論工作、任務的分配（包含資料蒐集、採訪、錄音、照相、寫作）。	40分		沖洗照片費用可由班費支援。
經驗的分享交流	11.各組發表採訪的文字稿與照片，討論各組之間的異同。 12.發表自己當記者的心得、感受、體驗。	40分		

評量方式：由各組書面資料與發表檢視其努力程度與作品水準。

活動流程	師生的活動	時間	教學資源	注意事項
活動七： 保健A計畫	1.由學生實地採訪的經驗，及記者會中對記者生活的了解，分享自己對記者生活作息的認識	10分		
	2.師生討論記者的工作，可能帶來的生活作息如何？對身心健康的影響如何？	15分		
	3.引導學生了解記者因經常需上山下海，作息不正常，所以必須常運動，以培養過人體力。	15分		
	4.教師說明作息與工作壓力和人的身心健康之間的關係。			
	5.利用小組合作的方式，學生透過腦力激盪方式，選擇一類記者（文字或攝影）為其設計出一份保健計畫書。 (包含作息時間、運動、休閒...等)	40分		
評量方式：為自己草擬一份一週的生活作息暨身體保健計畫，並在一週內自我檢核實踐的情形。				

單元二
放風箏

設計者：郭媛玲　劉文章
　　　　藍美玉　王明堂
教學年級：六年級
單元總節數：14節

設計理念說明

　　「風箏」是一種包容性極大又兼具藝術、運動、民俗技藝乃至科學性活動，不但非常適合全家共同參與，一方面藉著放風箏將人們內心一股「御風飛翔」的夢想實現，另一方面可以幻想藉此解脫塵世的束縛。

　　「放風箏」，也是一門學問，每年在石門鄉、宜蘭縣總有一系列的國際放風箏比賽。不但吸引人潮前往與會，更帶動地方特色。其競賽的項目不僅是看放風箏的技巧，更從風箏的造型、圖案、在空中的遨翔展現、放風箏的人（有時是多人）之團隊合作的情形等，看似簡易，但其實包羅萬象。

　　九年一貫課程教學活動，非常強調主題統整教學活動的設計，希望透過主題教學培養學生生活統整的能力，避免零碎知識的學習。所以在思索設計本課程時，較關注於兒童如何運用生活情境的基本能力，並透過學習活動，與生活情境能結合，故經過討論後，覺得「放風箏」這個主題兼具傳統與現代、動態與靜態、理論與操作且能適切引起兒童學習興趣...等，值得學生深入探索學習。

　　本主題課程，其主要焦點問題鎖定在「如何設計製作風箏，並使風箏飛得越高越遠？」這個問題乃先經師生共同討論決定形成，所以基本上是師生有興趣共同解決的問題。在教學過程中，我們可以透過分組來探討這個問題的相關概念及解決方式，例如：學生必須上網去找有關風箏的歷史演進、蒐集製作風箏的方法、探討風與風箏的關係、怎樣放風箏使風箏順利飛起來？怎樣使風箏飛得又高又平順？在什麼地方放風箏？放風箏時要注意些什麼？甚至更深入了解風箏能在空氣中飛得原理並與飛機、鳥類的飛行做一比較，並實際對各組所製做的風箏能提出一些看

法或建議並將自己製作的風箏試放看看是否能飛得起來，如果飛不起來，共同討論原因何在？要做哪些修正？讓學生真正體會透過主題學習解決問題的學習樂趣。

本課程為使學生對風箏能更深入了解，並配合融入資訊素養策略，所以儘量讓學生透過網路蒐集資料及參觀、觀察、欣賞、討論、報告、製作等活動，來獲得直接經驗；並從歷史的典故獲得學習逸趣。

在理論方面探討到風箏與「風」的關係，並更進一步探討到風箏本身所涉及到的空氣浮力原理。

最後從實際的，分組風箏製作中，增進學生了解風箏的平衡、收放技巧、彩繪...等，並透過分享討論，知道自己製作的缺失、了解風箏為何會飛起來，什麼地點施放最適宜，更重要的是透過這些活動真正達到藝術、運動、技藝及科學性的思考。而本教材單元因需真正動手製作，完成彩繪、紮綁...等，所以教材的難度較高，故設計對象以高年級為主。

評量方面配合相關活動的進行，採多元方式進行。在分組合作學習、網路資訊搜尋學習、風箏製作等方面，皆以分組方式實施，一來學生異質分組，對能力高的學生來說可以協助及指導能力低的同學，可減輕教師負擔使教學更有效率；二來可增進分組間的對話互動及分享成果，使學生真正學到解決問題的學習方法。另外在學習的過程中，教師可預先告知學生蒐集或記錄所有相關資料，裝訂成夾冊，由學生依個人學習狀況自我評量。

課程架構

學習階段：第三階段（適用於高年級）

涵蓋領域：語文、自然與生活科技、社會、藝術與人文

概念架構

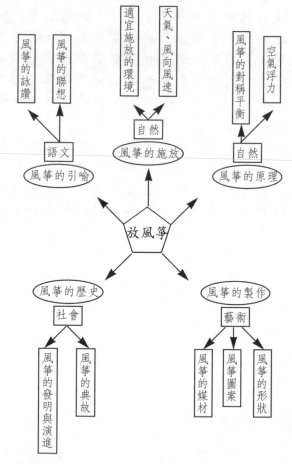

導引問題

　　本單元設計，教師依據所發展出來的課程架構，初步列出以下幾個導引問題：

　　1.為什麼會發明風箏？和人類生活有什麼關係？
　　2.什麼樣的風箏才能飛得高？
　　3.風箏會讓我們聯想起什麼？
　　4.怎樣放風箏才好玩？

課程目標

單 元 目 標	能 力 指 標
一、風箏的歷史 1.能了解風箏的發明與演進。 2.能說出風箏的典故。	【社會】 8-2-2舉例說明科學和技術的發展，改變了人類生活和自然環境。 5-2-2了解認識自我及認識圍環境的歷程，是出於主動的，也是主觀的，但是經由討論和溝通，可以分享觀點與形成共識。
二、風箏的原理 1.能了解風箏飛行與風向、風速的關係。 2.能說出風箏如何飛行。 3.能了解風箏的結構。	【自然】 3-3-0-3發現運用科學知識來做推論，可推測一些事並獲得實證。 1-3-5-4願意與同儕相互溝通，共享活動的樂趣。 8-3-0-3認識並設計基本的造型。 8-3-0-4了解製作原型的流程。
三、製作及施放風箏 1.能選擇適當的材質製作風箏。 2.能製作各類型風箏。 3.能鑑賞風箏作品。 4.能依天候及適當地點施放風箏。	【藝術】 1-2-2嘗試各種媒材與形式從事創作活動。 2-2-2相互欣賞同儕間的作品並能描述其特質。 7-3-0-2把學習到的科學知識和技能應用於生活中。

四、與風箏有關的創作	【語文】
1.能聯想與風箏有關的事物。	F-3-5掌握寫作步驟，充實作品的內容，精確的表達自己的思想。
2.能自己創作與風箏有關的作品。	F-3-8能練習使用電腦編輯作品，分享寫作樂趣，討論寫作的經驗。
3.能蒐集及整理與風箏有關的創作。	

教學活動

教學活動要點說明

教學活動名稱	教學要點(與目標對應)	對應目標
1.風箏的發明與演進	1.指導兒童透過不同方式蒐集相關資訊並能知道風箏發明的起源。	1.能了解風箏的發明與演進。
	2.協助兒童歸納整理、進行發表，並了解不同的演進與社會文化的關係。	
2.風箏的典故	1.協助兒童從討論風箏的相關典故中，了解風箏與人類的關係。	2.能說出風箏的典故。
1.空氣浮力	1.指導學生了解風箏飛行的原理，暨對空氣浮力的了解。	3.能了解風箏飛行與風向、風速的關係。
2.風箏的對稱平衡	2.用各種造型之風箏實物演練，讓學生了解風箏要對稱平衡才能飛。	4.能說出風箏如何飛行。
		5.能了解風箏的結構。

1.風箏的材質	1.比較不同材質的風箏對於飛行的影響。	6.能選擇適當的材質製作風箏。
2.風箏的形狀	1.探討風箏的結構與造型製作風箏需注意的要點分組製作風箏。	7.能製作各類型風箏。
3.風箏圖案	1.風箏鑑賞：爲風箏命名並票選優良作品。	8.能鑑賞風箏作品。
1.適宜施放的環境	1.找一個較適當的地點舉辦校外教學讓小朋友放風箏。 2.大家來放風箏指導放風箏方法並到室外放風箏。	9.能依天候及適當地點施放風箏。
2.天氣、風向風速	1.指導小朋友蒐集氣象資料並指導風向風速對放風箏的影響。	
1.風箏的聯想	1.指導學生蒐集並創作有關風箏的文學作品。	10.能聯想與風箏有關的事物。
2.風箏的詠讚	2.指導學生編輯、整理並欣賞創作的樂趣。	11.能自己創作與風箏有關的作品。 12.能蒐集及整理與風箏有關的創作。

教學活動內容

單元一：風箏的歷史				
活動流程	師生的活動	時間	教材/教學資源	注意事項
活動一： 風箏的發明與演進 一、準備活動 　（一）教材準備 　（二）引起動機	1.師生共同利用課前蒐集與風箏有關的影帶、圖片、實作物、書籍、文件資料...等。 2.教師請三位小朋友以比手劃腳的方式，表達出風、風箏、放風箏，引起學童的好奇。 3.展示風箏圖片或傳閱風箏實物。	80分	影帶 圖片 實作物 書籍 文件資料 字卡 圖片 風箏實物	依實際上課所需準備。
二、發展活動	1.風箏的起源探討： (1)引導兒童想像，並說出風箏的發明，可能來自何種靈感？ (2)教師歸納並分析各種可能性。 (3)請學生從蒐集來的資料文獻，說明第一只風箏大約出現於何時？			課前應交代蒐集相關資料。

	2.風箏演進的探討： (分組討論後，再分組報告，並由教師綜合歸納) (1)教師進一步導引兒童說出不同朝代風箏的別名。（從事先蒐集的資料中找尋） (2)風箏的稱呼是怎樣來的？ (3)依照這些別名，說說看不同朝代之間，它們的材質與功能有何差別？ (4)現在的風箏有什麼特色？ (5)國外有沒有風箏的記載？與傳統的風箏有何差異？ (6)從風箏的用途來看，這些中外的風箏帶給人類生活上什麼樣的啟示？或利益？	分組白版（書寫研討內容，亦可以書面紙代替）	注意掌控分組報告時間，如果時間急迫，各組可分工研討不一樣的主題。
三、綜合活動	1.教師將各朝代的風箏別名，做一歸納說明。 2.教師分別就風箏的名稱、時代、材質、功能畫一簡表做相關的比較。 3.簡要提示下次課程內容或需完成的課程準備資料。	字卡 簡表	

活動二： 風箏的典故 一、準備活動 　（一）教材準備	1.師生共同蒐集歷史上有關風箏的小故事或諺語等資料。			
（二）引起動機	2.教師揭示台灣諺語：「九月九，風吹滿天哮」，並示範說明典故由來。		字卡條	
二、發展活動	1.分組討論，並將蒐集來的典故，製成報告大綱。（主題內容由教師大致分配，避免重複） 相關的典故內容有： 　(1)韓信：四面楚歌。 　(2)紅樓夢：清明放鷙。 　(3)富蘭克林：風箏引電。 　(4)威爾遜：氣象測量。 （以上僅供參考） 2.各組推派乙名報告該組的內容，其他各組成員當評論員，就發表的內容，提出相關的疑問或評論。報告人或組員並就所提之疑問或評論亦給予回應。 3.教師另行補充說明相關的典故。	40分	揭示板或書面紙	典故內容以中外有代表性者為佳。 報告方式由學童自行決定。

三、綜合活動	1.依各組表現給予講評並鼓勵。 2.鼓勵學童再蒐集更完整的資料，完成改寫並發表或連同大綱資料展示於教室公佈欄，以供參閱。			多多讚美鼓勵。

單元二：風箏的原理				
活動流程	師生的活動	時間	教材/教學資源	注意事項
活動一： 空氣浮力 一、準備活動 　（一）課前準備 　（二）引起動機	1.老師準備三、四隻造型各異的風箏。 2.請兒童蒐集風箏帶到學校來。 3.請小朋友上網或從書面資料蒐集有關風箏會飛的原理，以及什麼是浮力？ 4.教師將風箏佈置於教室。 1.教師播放放風箏的影片或展示圖片。	40分	風箏、放風箏錄影帶、光碟或圖片 參考書目： 正中書局印行「青少年科學之旅」 圖文出版社「科學圖書館─11空氣和水，─27飛行世紀」 錦繡文化企業「空氣風力與飛行」	注意安全，不要傷到眼睛。
二、發展活動 　（一）實物演練	1.教師帶著兒童到室外上課，並讓兒童自由的放風箏。 2.教師找一隻最會飛的風箏（事先試飛過）施放。			施放風箏時注意場地是否適宜。

| （二）問題討論 | 1.教師引領小朋友圍坐在草地上，並提出下列問題請兒童共同討論：
(1)國旗爲何飄來飄去？樹枝爲何搖來搖去？
(2)風箏爲何會飄到空中去？
(3)風是怎麼形的？
(4)什麼是空氣浮力？
2.小朋友針對上列問題分組討論。
3.學生依教師指示分別報告自己的看法。 | 台北縣政府教育局「風箏—夢之藝」 | |
| 三、綜合活動 | 1.教師歸納整理學生的討論。
(1)風是空氣流動產生的。
(2)國旗、樹葉會飄動是因爲空氣的流動。
(3)空氣是一種流體，具有浮力和阻力，風箏因爲翼面受風（阻力）提供風箏上升的浮力，使能飛行。 | | |

活動流程	師生的活動	時間	教材/教學資源	注意事項
活動二： 風箏的對稱平衡 一、準備活動 （一）課前準備 （二）引起動機	1.教師準備菱形、蝴蝶形狀...等對稱造型的風箏及結構不對稱的風箏。 2.請小朋友準備各種對稱的圖形。 1.教師展示各類風箏的結構，讓小朋友猜猜看哪一種風箏飛得高。	40分	風箏 對稱圖形 不對稱圖形 製作風箏的竹筋	風箏造型不同但大小盡量一樣大較好做比較。
二、發展活動 （一）誰比較會飛 （二）風箏的結構	1.教師帶小朋友到戶外施放各類型風箏。 2.請小朋友紀錄各類型風箏飛行的狀況。 3.師生圍坐於草地上討論各類型風箏施放的情形。（教師鼓勵學生說出自己的看法） 1.教師展示最能飛的風箏，請小朋友觀察其特徵和結構。 2.教師提出下列問題請小朋友分組討論。 (1)風箏的主要結構是什麼？ (2)什麼樣的風箏飛得高？ (3)風箏如果沒有牽引的線會飛嗎？		參 考 書 目： 台北市政 府教育局 「風箏—夢 之藝」	

	3.經討論後小朋友分組報告。		
三、綜合活動	1.教師將小朋友的報告作修正和歸納，如下： (1)風箏的骨架和翼面都必須對稱才能平衡，才能飛。 (2)風箏之所以能飄浮於空中，除本身重量、大自然的風力外還加上施放者的拉力，三者間平衡的結果。 2.教師指導小朋友下一節課製作風箏時要把握對稱平衡的原則。		

單元三：風箏的製作				
活動流程	師生的活動	時間	教材/教學資源	注意事項
活動一： 風箏的材質 一、準備活動 （一）課前準備	1.老師準備尼龍布若干塊，棉紙若干張，風箏若干個。 2.請小朋友課餘先行蒐集「風箏製作百科」資料。 3.每組攜帶竹條及吸管若干支。	40分	參考書目： 中華兒童百科全書「風箏製作」單元。 尼龍布 棉紙 竹筷 吸管	先裁好尼龍布、棉紙，分每組一塊。 每組攜帶竹條10
（二）引起動機	老師播放「大家來製作風箏」教學媒體部份內容老師拿一個風箏作結構介紹。		老師參考百科全書製作教學媒體投影片	可及傳特殊統風箏的製作。
二、發展活動	1.師生討論：製作風箏需要用到哪些材料？為什麼要用到這些材質？ 2.師生討論：比較尼龍布與棉紙的質料不同？兩種材質的優缺點？ 3.師生討論：骨架的功用？製作骨架的材質有哪些？ 4.腦力激盪：製作風箏材質選擇要注意？ 5.老師示範骨架裁削方法和注意的安全事項。		尼龍布風箏、棉紙風箏各一個 美工刀 漿糊	劈竹刀要安全以製作1～2個風箏為主 示範削材料的注意原則。每組1～2個為主製作風箏為
三、綜合活動	各組討論如何做風箏？及本組風箏的主題？各組上台報告。			

活動二：風箏的形狀		時間	參考資料	備註
一、準備活動	1.請學生蒐集各種動物或是鳥類及最喜愛卡通人物造型的圖鑑。 2.配合數學課講解菱形的特性和畫法。 3.認識動物及卡通人物身體造型及比例。	40分	參考書目：動物圖鑑、鳥類圖鑑、卡通描繪等書	先印輪廓。請學生事先描繪或影印圖案的輪廓。講解徒手描繪的方法。
二、發展活動	1.觀賞「大家來製作風箏」教學媒體。 2.請學生說出風箏的造型分成哪幾部份？為什麼？每個部分的功用是什麼？ 3.教師講解各部分的製作方式及注意事項？ 4.各組討論製作的主題和特色？各組輪流上台發表，其他各組給予回饋。 5.各組討論下次製作所需帶的材料？採任務分工共同製作，討論分工方式？ 6.開始製作風箏： (1)教師釋先講解示範。 (2)描繪小型草圖再做分析修改。 (3)以小型草圖做基礎繪製1/1的結構設計圖。		錄影帶：認識傳統童玩—風箏，兒童育樂出版 利用投影片	風箏的造型要有結合。可強調創意方面讓風箏飛行需哪些部分。 各組可1至2個主題。 成員每人都要分配到任務並且攜帶材料。 巡視來回，教師對於有困難的組別立即給予指導。

	(4)裁剪造型。 (5)支架削裁及定型。 (6)支架黏貼固定。 (7)尾部及風翼設計及黏貼。 (8)底部的美化修飾及圖案設計。 (9)縫製線軸綁上細線。 (10)各結構的調整與修改。	支架黏貼可借用膠帶或黏膠。 細長狀紙條。 廣告原料或水彩。 尼龍現或麻線、縫線針。	提醒學生支架裁削要注意安全。 紙條要貼緊底面。 考慮水量不可太多。 線要先纏繞好。
三、綜合活動	1.發表製作的心得及困難？ 2.製作好的風箏各組輪流上台展示各組給予回饋。 3.收拾清理場地並將製作好的風箏懸掛在教室四周。		每組都要上台。 提供意見供做修改參考。 已完成者事先在教室佈置。

活動三：風箏的圖案			
一、準備活動	1.教室佈置：班級風箏展覽會情境佈置。 2.老師預先告知學生要舉辦班級風箏展覽會。	40分	教室事先情境佈置。
二、發展活動	1.各組展示風箏作品，其它各組就造型及圖案提出回饋。 2.小組討論「為風箏命名」。 3.師生共同討論獎項名稱。 4.票選最佳作品及頒獎。 5.獲獎感言：每組上台發表感想及製作的心路歷程其它各組則給予回饋。 6.師生共同討論。 7.製作風箏的要領？ 8.如何施放風箏？施放風箏要注意到地形和天候哪些因素？	票選箱、獎狀及獎品 風向器	可就造型、創意、用色、圖案實用、堅固等來評定。 就以上標準來討論。 可在自然課配合單元進行聯絡教學。
三、綜合活動	到室外試放風箏，分組及分配場地，測試風向，示範學習如何試飛，檢討修正。	小蜜蜂擴音器、哨子	場地要空曠、每組要有間隔、施放時要順風、不可正對太陽和相互對撞。

單元四：風箏的施放				
活動流程	師生的活動	時間	教材/教學資源	注意事項
活動一：放風箏 一、準備活動 （一）課前準備	1.請小朋友準備自製的風箏暨校外教學用品。 2.教師備妥校外教學各項事宜。		風箏 校外教學用品 當日氣象資料	指導放風箏的安全事宜。
二、發展活動	1.舉辦校外教學，地點：台北市青年公園。 2.教師或放風箏專家示範施放風箏。 3.指導小朋友兩人一組練習施放風箏。 4.指導小朋友嘗試於順風和逆風等方位施放風箏並記錄施放的情形。 5.教師將小朋友放風箏的經過拍錄下來。	80分		
三、綜合活動	1.師生收拾風箏圍坐於草地上討論放風箏的心得。 2.收拾行囊返校。 3.問題討論併入下一活動。			

活動二： 天氣風向風速 一、準備活動 　（一）課前準備 　（二）引起動機	1.請小朋友於本節 　課前紀錄氣象報 　告中有關天氣 　（晴、雨）、風向 　及風速等資料。 1.氣象報告：讓小 　朋友扮演氣象播 　報員報告氣象。		
二、發展活動	1.教師講述天氣風 　向風速的意義與 　放風箏的關係。 2.教師播放校外教 　學—放風箏的錄 　影帶。 3.看完錄影帶師生 　一起討論放風箏 　的技巧，以及討 　論風向風速和放 　風箏有何關係。 4.請風箏飛得高的 　同學發表心得。	40分	氣象報告 資料。 校外教學 錄影帶。 學生記錄 放風箏的 資料。
三、綜合活動	1.教師歸納小朋友 　的討論並加以指 　導。 　(1)空曠的地方最 　　適合放風箏。 　(2)好天氣才能放 　　風箏。 　(3)迎風面才是放 　　風箏的最好位 　　置。 　(4)風太大或沒有 　　風時都不適合 　　放風箏。		

單元五：風箏的引喻				
活動流程	師生的活動	時間	教材/教學資源	注意事項
活動一： 風箏的聯想 一、準備活動 　（一）課前準備	5.老師準備三、四隻造型殊異風箏。 6.請兒童蒐集風箏的圖片。 7.學生蒐集有關風箏的文學作品及成語。	40分	參考書目： 正中書局印行「青少年科學之旅」 投影機 投影片 風箏	
（二）引起動機	1.揭示「斷線的風箏」。 2.教師請學生說明此句內涵。		長條圖 圖片	
二、發展活動	1.引領學生圍坐在教室裡，並提出下列問題請兒童共同討論： (1)看到風箏，你會想到什麼？ (2)共同討論所蒐集的有關風箏的文章及成語。 (3)學生分組討論，並將想到的句子串成一篇「風箏的聯想」短文。 2.教師歸納所討論的語句，說明常用的語句，比喻與風箏予人的聯想的關係，鼓勵學生用心觀察，體會事物，可以將比喻的方法用於寫作中。	80分	揭示學生蒐集有關風箏的文學作品 長條圖	讓學生腦力激盪想出句子，來接龍。

三、綜合活動	1.寫一篇有關風箏詠讚的文章。 2.師生共同析賞作品。	作文簿字典	提醒學生注意錯別字的分辨。

Chapter 2
主題式課程（二）
——超學科式

設計過程說明

形成主題

　　教師與學生就師生感趣的事件與現象，或是近來的困擾與生活問題，提出各種疑問。就眾多的問題進行歸納，以找出幾個重要的主題。

　　主題可以訂得多大？要考慮課程的時間有多少。通常年級愈低，愈需要變換主題，以維持學習的興趣，所以主題不宜訂得太大。

分析概念架構

　　不管主題是何種性質，要形成一個統整的課程架構，設計者必須先分析主題的相關「概念」。為什麼要強調「概念」？因為如果我們想讓學生獲得的是可以遷移、應用的能力，就必須掌握學習層次較高的「概念」、「原則」，而不是教學生一堆的「事實」。於是，教師就必須先釐清，到底一個課程方案要讓學生學到哪些重要的概念。

　　在概念架構的分析上，教師應該邀請學生一起進行腦力激盪，藉由學生所提的相關問題或想法，再歸納出重要概念。

1. 師生共同腦力激盪，提出和主題有關的問題。
2. 就所有腦力激盪後所保留下來的問題，抽離出重要概念。但不考慮這些概念到底屬於哪個學科。

例如以「下雨」為主題，師生可能提出：為什麼會下雨？下雨有什麼好處或壞處？從以前到現在，人用什麼東西來避雨？

由這些問題可以抽離出的概念如：雨的形成原理、雨的災害、雨和人生活的關係、雨具的發明。這些概念可以不侷限於某個學科範圍來討論。

形成初步的單元目標

有了概念架構，就可以構思單元目標。但是通常在思考單元目標時，我們會同時構思：我可以用什麼方式讓學生獲得某種經驗，學得這些概念？單元目標也會包含「學習內容」和獲知內容的「方法或過程」兩類。所以設計者可以先由概念和自己構思的學習活動來形成初步的單元目標。

尋找對應的能力指標

為了確保學生達到九年一貫課程各大領域各階段的能力指標，在概念架構形成，學習活動設計之前，應該先尋找符合主題學習內涵的能力指標。

而在超學科課程中，由於各個概念並沒有學科歸屬，所以找尋能力指標時，要靠教師對各個概念的認定。例如「下雨」主題課程中，「雨具發明」可能涉及自然與生活科技、社會領域，也可能涉及環境議題，至於設計者會找到哪個領域的指標來對應，會有某種程度上的差別。但是，重要的是，必須對於所要對應的能力指標進行解釋，確定的確與概念直接相關。而不要「引申」一大堆指標。

再者，因為被挑出來的指標，就要轉化為後面教學活動的目標。如果指標太多，反而不易設計教學活動；即使有教學活動，也很難達成這麼多的能力指標。所以能力指標在精不在多。

設計單元教學活動與評量方式

　　有了明確的教學目標和對應指標，即可依之前初步的教學活動構想，進一步將教學活動細步化。但是，由於教學活動進行過程中，師生可能會有其他超乎預期的互動經驗，所以教師不宜太被預定目標所限制。如果過程中師生有更好的學習，可以就這些學習經驗再增列適當的指標。

　　為利於不同專長或任教科目教師的協同合作，教學活動最好以完整的節數來設計。如此在超學科課程中，也利於各種協同方式的安排。

單元一

雨

設計者：陳春秀　林怡呈

　　　　利一奇　蔡麗華

教學年級：中年級

單元總節數：17節

設計理念說明

　　自古以來人類對自然現象充滿了神秘的想像與好奇心，尤其天氣的變化更是被賦予許多的傳奇故事，似乎在風雨交加的時刻，總是意味著有驚天駭世的事件即將發生。

　　而「雨」也是最貼近學生生活經驗的自然現象，在雨天人們一如往昔的工作、上班、上學，可能會帶來許多不便。雨也可能帶來一些災害，然而在乾旱、缺水的時候，雨水正如沙漠中的甘霖，也為人類帶來了不少益處。人們面對雨天的不便以及對雨水的需求，想出了許多因應的措施，例如發明雨具遮雨、學校建造風雨操場來避雨，建造水庫、製造人造雨來收集雨水或灌溉。

　　本單元的設計主要是為學生揭開雨天神秘的面紗，藉著對「雨」自然現象的認識，學會「雨」的相關知識，了解人類對雨天的因應措施，並且發揮創造力設計避雨的工具。

　　雨天亦是一個詩情畫意、觸動心弦的時刻，有許多文學作品、音樂創作、藝術創作是創作者對「雨」有感而發完成的（正如本單元課程設計亦是在一個浪漫的雨天創作出來的）。滴滴答答的雨聲也許給人一種浪漫的情懷，也可能帶給有心人莫名的感傷。本單元除了帶給學生知識技能的成長之外，在情意方面，亦希望藉由藝術與文學創作之介紹，觸發學生的想像力、創造力，對自然現象流露真情的關懷，進而能以各種方式表現自己內心的感覺。

　　基於雨天是最貼近學生生活經驗的自然現象，因此在設計過程中均以學生經驗為活動設計之優先考量，故課程

實施時可配合情境靈活調配，期帶給學生的是能夠落實於生活情境中的基本能力。

評量構想

為使評量方式與教學情境緊密配合，故以另類評量替代標準化紙筆測驗或多重選擇式測驗，評量方式包括實作評量與卷宗評量。

實作評量

實作評量主要在要求學生表現從脈絡中學得知識、與實際生活經驗相符的工作。此次課程以觀察、問題討論、個人／小組口頭報告、資料蒐集等評量方式結合教學活動，評量人員則包括師評、互評、自評、及家長回饋。

卷宗評量

卷宗評量的目的為蒐集每個學生學習相關之系列作品，以呈現學生各方面能力進展之情形。學習單、檢核表、書面報告、個人／小組討論記錄等均可收入檔案資料夾，而個人反省記錄更是不可或缺的資料。教師可自行設計適合班上學生程度之學習單；學習單之編寫重質不重量，學生依上課時間順序完成活動學習單，由教師檢核完畢，並請家長簽名或回饋後，透過師生討論決定是否放進檔案夾，以了解自己的思考歷程和發展水準等。本單元結束後，由教師引導學生作總結回顧與省思，以檢視學生能力之進展，供未來學生學習與教師課程設計之參考。

課程架構

學習階段：第二階段

概念架構

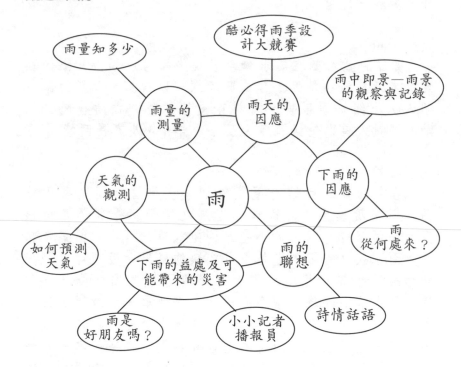

前導問題舉隅

1. 我對下雨的感覺？
2. 為什麼會下雨？
3. 怎麼知道快要下雨了？
4. 人類發明了哪些東西來避雨？

5.雨水對我們有什麼益處？

6.過量的雨水可能會造成什麼樣的災害？

7.如何知道下了多少雨？

課程目標

單元目標	能力指標
1.能以文章或詩詞表現對自然之美的體驗。	【自】5-2-3體驗大自然與週遭環境的聲音，並描述自己的感受。 【環】1-3-1藉由觀察與體驗自然，並能以創作文章、美勞、音樂、戲劇表演等形式表現自然環境之美與對環境的關懷。 【藝】1-2-3記錄與表現自己所見及所觸的事物與情感。
2.能了解為什麼會下雨及「雨」和人類的關係。	【自】6-2-1-1能由「這是什麼？」「怎麼會這樣」？等角度詢問提出可探討的問題。 【自】1-2-4-2運用實驗結果去解釋發生的現象或推測可能發生的事。
3.能經由多元的管道（氣象報告、報紙、電腦、觀察記錄...），增加對雨天自然現象的認識。	【自】1-2-5-3能用電話、報紙、圖書、網路與媒體獲得資訊。 【自】1-2-3-2能形成預測式的假設。
4.能運用適當的方法測量雨量的多寡。	【自】1-2-2-1運用感官或現成工具去度量，作量化的比較。 【自】1-2-2-2能權宜的運用自訂的標準或自設的工具去度量。
5.能了解人類對雨天的因應措施，並能自己設計實用的雨具。	【社】8-2-1舉例說明為了生活的需要和問題的解決，人類才去從事科學和技術的發展。 【自】6-2-2-2養成運用相關器材、設備來完成自己構想作品的習慣。

教學活動

教學活動要點說明

教學活動名稱	教學重點	對應目標
活動一： 雨中即景	1.配合梅雨季節教學，讓小朋友聽聽雨的聲音，看看窗外的雨景，發表對下雨天的感覺，並觸發學生對雨的聯想。 2.引導學生觀察雨中的景象並做紀錄。	【自】5-2-3體驗大自然及週遭環境的聲音，並描述自己的感受。
活動二： 詩情話雨	1.由晚唐詩人杜牧的「清明節」中的「清明時節雨紛紛」，介紹關於雨天的詩詞。 2.介紹吳濁流的新詩，「稻江即景」。 (內容請參見教學活動) 3.指導學生用文字、圖畫表達對雨天的感覺。	【環】1-3-1藉由觀察與體驗自然，並能以創作文章、美勞、音樂、戲劇表演等形式表現自然環境之美與對環境的關懷。 【藝】1-2-3記錄與表現自己所見及所觸的事物與情感。
活動三： 雨從何處來	1.帶領學生藉由不同的方式認識容易下雨的天氣。 2.透過簡單的實驗讓學生理解雨是如何形成的。	【自】6-2-1-1能由「這是什麼？」「怎麼會這樣」？等角度詢問提出可探討的問題。 【自】1-2-4-2運用實驗結果去解釋發生的現象或推測可能發生的事。
活動四： 雨量知多少	1.藉由「雨量測量筒」讓學生對雨量有具體的認識。 2.帶領學生運用生活週遭的日常用品實際測量雨量的多寡。	【自】1-2-2-1運用感官或現成工具去度量，作量化的比較。 【自】1-2-2-2能權宜的運用自訂的標準或自設的工具去度量。

活動五：雨是好朋友嗎	1.適量的雨水，對人類是有益處的。 2.過量的雨水，對人類可能帶來的影響。 3.有些災害的產生，是人為所造成的。 4.要怎樣防範雨水可能帶來的災害？或是思考將災害減至最低的方法。	【自】6-2-1-1能由「這是什麼？」「怎麼會這樣」？等角度詢問提出可探討的問題。
活動六：小小記者播報員	1.透過小小記者播報員的報導：看看台灣水災的歷史紀錄。 2.製作一個水災的檔案紀錄與心得的書寫。	【自】1-2-5-3能用電話、報紙、圖書、網路與媒體獲得資訊。 【藝】1-2-3記錄與表現自己所見及所觸的事物與情感。
活動七：觀測天氣	1.讓學生了解「天氣」與「氣候」的不同？ 2.會運用科學儀器之外的方法，如藉由觀察大自然的變化來觀測天氣。	【自】1-2-3-2能形成預測式的假設。 【自】6-2-1-1能由「這是什麼？」「怎麼會這樣」？等角度詢問提出可探討的問題。
活動八：酷必得雨具設計大競賽	1.讓學生了解雨具的歷史，及其演進。 2.讓學生了解除了雨具之外，在雨天人類還有哪些因應措施（如風雨操場、汽車上的晴雨窗...）。 3.引導學生發揮創造力，合力製作理想中的雨具。	【社】8-2-1舉例說明為了生活的需要和問題的解決，人類才去從事科學和技術的發展。 【自】6-2-2-2養成運用相關器材、設備來完成自己構想作品的習慣。

教學活動內容

活動一　雨中即景
教學時間：40分鐘

活動流程	師生的活動	時間	教材/教學資源	注意事項
一、發表對雨天的感覺	◎請小朋友看看窗外的景象、並聽聽窗外有什麼聲音？ ◎教師提問，小朋友自由回答： 1.喜不喜歡下雨天？ 2.常常下雨時，小朋友覺得心情怎麼樣？ 3.也許有些小朋友覺得下雨天不能到外面玩很掃興，那有沒有小朋友喜歡下雨天呢？說說看，喜歡或不喜歡的原因。 4.下雨讓你想到了什麼？	10分		◎本節課為活動前導，著重在啟發運用小朋友五官去用心感覺「下雨天」。由教師帶領進入情境立知面的說，應讓學生自動不進行，對有接觸方說學主觀察保的能力。生動環境敏銳 ◎指導學生勇於表學現，並學別習傾聽人法。的想
二、觀察雨天的景致	◎教師以分組的方式帶領小朋友於窗口、樓梯、校門、側門等有避雨處觀察雨中的景象並做記錄（詳請參閱附錄一）。	15分	觀察記錄表（附錄一）	◎此活動需雨天教以節配合下行，尤為時學進較梅雨期雨期時佳，此小朋友有充裕的

				先觀察如人、動物、植物、空氣變化等，立之均可。雨天察地面需朋友安全。進行雨天觀察活動前，學生選擇下雨時課間進行觀察。先觀察如人、動物、天…可知情況。 ◎下雨時機進行雨天觀察，雨滑醒注意安全。 ◎觀察約十行，亦可觀察天下之情形，課鐘學生選下學活形，可察時課情形，應示重點，人、動、天…可察。 ◎教師提示重點察、人、天…可覺即可。 ◎教師與觀察事物的變化等即狀可。
三、討論、發表觀察結果	◎分組討論觀察結果並進行口頭報告或提出疑問。	15分		◎教師巡視各組，瞭解討論情形且口頭增強，並口頭說明討論，即以組為形式立即鼓勵增強。

四、教師歸納整理	◎教師歸納、整理報告結果，並統整學生問題，加以呈現以供討論。 ◎教師將記錄表收回，以了解學生紀錄情形。並作為調整教學活動之依據。			
五、總結	◎教師作歸納總結，並預告下次活動—詩情話雨。			

評量方式：

（1）學生是否具敏銳觀察力，並將觀察結果流暢地書寫於記錄表。

（2）學生能以清晰的語句表達自己的觀察結果與感覺。

（3）對於別人的發表能用心傾聽，並適時給予回饋。

活動二　詩情話雨
教學時間：120分鐘

活動流程	師生的活動	時間	教材/教學資源	注意事項
一、介紹雨天相關詩詞	◎本活動實施配合梅雨季節，而梅雨季節令人聯想到清明節的雨紛紛之景，故以此導入詩詞欣賞教學。 ◎教師與學生共同選擇詩詞教學。 ◎教材 （一）清明節（杜牧） 清明時節雨紛紛， 路上行人欲斷魂， 借問酒家何處有， 牧童遙指杏花村。 （二）稻江即景（吳濁流） 觀音山下雨霏霏， 雨後蜻蜓款款飛， 牛背牧童吹短笛， 浣依婦女傍斜暉。	40分	雨景圖片或書畫 雨天相關文學作品	◎所選之詩詞盡量貼近學生生活經驗。 ◎透過詩詞教學，培養學生能欣賞文學力。
二、引導學生欣賞文學作品之美	◎教師說明詩意，並藉由詩中對雨景之描述，增進學生對美感之覺知。			◎讓學生了解雨天詩術藝作的，也激發或創作感發雨想。常人家靈啟對雨聯想。

活動步驟	教學活動	時間	教學資源	備註
三、指導學生以圖畫表現雨天的美感或心情	◎自由發表雨天的感受與聯想。 ◎指導及示範以水彩表現朦朧、模糊景象的基本方法。 ◎學生練習教師示範的技巧。 ◎學生構圖,用色彩完成作品。	60分	雨景圖片或書畫 八開圖畫紙、500格稿紙每生各一張 學生自行準備水彩、彩色筆	◎此活動花費時間較多,需個別指導。教師可依當時情況適度調整。 ◎教師展現過去學生的類似作品,或事先自行製作一份示範作品供學生參考。
四、作品欣賞與評鑑	◎同儕交互欣賞作品,並請同學上台解說。	20分		◎教師視時間長短,請同學發表。本節活動可作結束後將學生作品張貼於教室四周公佈。
五、總結	◎教師總結,並鼓勵學生多體會藝術作品中的意境。			

評量方式:
(1)評估學生收集資料、選擇資料的能力。
(2)指導學生針對雨景觀察的感想、或觸發的聯想,以文章、新詩、繪畫等方式表現出來。並根據學生的表現對教學做適當的調整或進行各別輔導。

活動三　雨從何處來
教學時間：80分鐘

活動流程	師生的活動	時間	教材/教學資源	注意事項
一、課前準備	◎請學生事先蒐集有關下雨的資料或圖片，準備上課時報告。		報章雜誌、電視或電腦網路	◎指導學生在報章雜誌、電腦網路（如：中央氣象局網站）找尋資料。
二、認識容易下雨的天氣	◎教師準備實物投影機和幻燈機將學生蒐集的資料或圖片展示給全班同學觀看，找出容易下雨的天氣型態（例如：雲量佔全天空8/10～10/10，而且雲層呈現層狀堆積，顏色呈現灰黑色）。	20分	學生所帶來的圖片、實物投影機和幻燈機、雨的成因以及降雨的相關資料	◎教師藉所帶來圖片時一就下念。 ◎針對降雨型以及其名稱「觀測氣」的元再加敘述。 以學生的適當不多會觀察，澄清定一雨的概念。 電視報的態致可提名等天單詳
三、雨的形成？	◎教師準備酒精燈將燒杯內的水煮沸，蓋上玻璃片，讓學生觀察玻璃片上凝結成的小水滴，引導學生了解原來雨水是由陸地上的水經過蒸發成水蒸氣後遇冷凝結而成的。	40分	酒精燈、三腳架、陶瓷纖維網、燒杯、玻璃片等製作人造雨的用具	◎引導學生利用舊經驗（如：洗浴室後壁成小來幫完成水滴解。

				◎效果可加強。置玻璃片放加冰塊，效果顯著在玻璃片上。如不以冰片冰效果。 ◎順便機會教學生酒精燈的使用法。藉此導教精確正確使用法。 ◎關於下雨成因學生理解的顧的度，故細（如凝核等）加詳述。雨為生程詳節結不敘述。
四、歸納整理	◎教師和學生針對雨的成因、易下雨的天氣類型作大致的歸納整理，並針對下一次欲上課的內容請學生回家預習。	20分		◎關於雨雲以型空稱象以「觀氣」分說明。和係雨天名氣可到天部以雨的關降態狀等嘗試等測的加再以。

評量方式：
（1）評估學生蒐集資料、上台發表的能力。
（2）學生能以清晰的語句說明下雨的成因。

活動四　雨量知多少？
教學時間：80分鐘

活動流程	師生的活動	時間	教材/教學資源	注意事項
一、課前準備	◎請學生事先蒐集有關雨量多寡的數據資料，準備上課時報告。		報章雜誌、電視或電腦網路	◎指導學生在報章雜誌、電視、電腦網路（如：中央氣象局網站）找尋資料，讓學生了解雨量的計量單位。
二、降雨量的認識	◎教師利用事先準備好的「雨量測量筒」配合學生預先蒐集得來的雨量數據資料，實際在雨量測量筒中注入相同份量的水，讓學生瞭解真實的情形。	20分	雨量測量筒	◎教師在此時要介紹正確的測量方法及計量單位。
三、小小測量家	◎待學生對測量降雨量的方式有一具體概念後，教師再讓學生分組利用各組所帶來的日常生活用具（如：量米杯）到校園內實地操作。	40分	噴水槍、圓柱形容器（如：喝水杯、量米杯）	◎引導學生思考身邊如果沒有正確的量工具以日常用品來代替。 ◎雨量通常以計算高度，要學生用圓柱形容器。

				◎若無時噴水模擬雨。雨以噴式下，則槍方模擬。無，則以水的方式模擬下雨。
四、歸納整理	◎教師和學生共同回顧此次上課中所提到的，如何測量雨量的標準方法、測量單位、以及如何使用日常生活中隨手可得的容器，對降雨量作簡易的測量，並針對下一次欲上課的內容，請學生回家預習。	20分		◎教師和學生一起回顧與整理時，提及氣象其他的專有名詞及術語，針對需要的（如豪雨、大雨等）加以描述，讓學生知道即可，不需多記專有名詞，以免增加學生負擔。大略概念知道不太多，免學生擔心。

評量方式：
（1）在小朋友實地練習時，觀察小朋友的實際操作能力。
（2）學生能運用各種器具或方法測量雨量。

活動五　雨是好朋友嗎？
教學時間：40分鐘

活動流程	師生的活動	時間	教材/教學資源	注意事項
一、雨是好朋友嗎？	◎教師提問： 1.小朋友，最近梅雨季節帶來許多的雨水，想想看，如果一直沒有下雨，我們會怎麼樣呢？（沒有水喝、樹木乾死、農田無法灌溉…） 2.教師透過幻燈片來展示上述之問題。幻燈片內容：「缺水的景象、乾旱、…」 ◎經過討論後，教師繼續提問： 1.對人類來說，雨水是不是人類重要的好朋友？為什麼？說說看你的想法。	10分	幻燈片	◎可以運用思考向度，讓學生先想像：「如果沒有雨水我們得帶來對重要以及對求性。 ◎「適量雨水」的言要學活發學麼境是水：灌閒人類需，由生出導引什情們雨如：的驗去什情我要？的我要？生經生經下需的飲溉遊憩等。

| 二、雨會是壞朋友嗎？ | ◎教師展示水災的幻燈片，並提問問題。幻燈片內容：（土石流、淹水、溪水暴漲...等）
1.小朋友，看看這些圖片，想一想為什麼會這樣？（雨下太大了、雨下太久了、雨下太快了...等）
2.除了這些自然的因素外，還有沒有其他促成這些災害的發生的可能原因？（請學生思考後提出看法：如排水系統不佳、水土保持未做好...等。）
◎透過上述的討論，和學生釐清觀念：適當的雨水，帶給人類便利；但雨水一旦過量，卻也可能會帶給人類意外的災害。 | 10分 | 幻燈片 | ◎人類所需水量，適當的雨水符合人類所需。此便成為好雨。當要用的才人類需時，雨會成為人類的好朋友。
◎雨會帶給人類災害時，雨就成了人類的壞朋友。如：雨量過量，可導致溪水暴漲、土石流等。
◎什麼時候會有過量的雨？雨量下「時間過長」、「強度過大」，都會造成過量的雨，如：「豪雨」、「颱風」。 |

| 三、讓雨永遠成為好朋友，可能嗎？ | ◎教師提問：
1.當雨水造成人類的災害時，它就成為人類的壞朋友，有可能讓雨水一直都是人類的好朋友嗎？有什麼方法呢？人類可以怎麼做？（請學生思考後提出看法：如種植根深、涵水佳的樹種；排水系統要完全且暢通；山坡地不要濫墾濫伐...等。
◎透過上述之討論，師生共同做結論：對於一些雨水所造成的天然災害，人類或許無法即刻解決，但我們卻可以努力將可能的災害減至最低。 | 20分 | | ◎跟學生澄清觀念，並非過量的雨水都會導致災害，可能還有一些相關因素：如排水系統、水土保持未做好...等。
◎自然界的力量，如：下雨的「時間」和「強度」是目前人類仍無法控制的，但災害產生為何？如何將災害減至最低？人類可以做或應該做什麼？ |

評量方式：
1.關心自己所處的環境，並能以清晰的語句表達自己的經驗與感覺。
2.對於別人的發表能用心傾聽，並適時發表想法給予回饋。

活動六　小小記者播報員
教學時間：120分鐘

活動流程	師生的活動	時間	教材/教學資源	注意事項
一、課前準備	◎請各電台小記者事先蒐集有關下雨造成災害的相關資料或圖片，準備上課播報新聞時用。 ◎蒐集台灣重大的水災歷史紀錄。			◎指導學生在報章雜誌、電視或電腦網路（如：中央氣象局網站）找尋資料。
二、小小記者播報員：看看台灣水災的歷史紀錄	◎各組記者選定一災害的歷史事件來做報導。 ◎報導內容包括： 1.這是什麼時候發生的？ 2.發生了什麼事？（對事件做描述） 3.發生的原因是什麼？ 4.此事件是怎麼做處理的（做應變）？ 5.相關參與人員的想法或看法。 ◎當每組報告完畢後，教師適時的針對學生報告的主題來補充，並和學生做討論。	80分	電腦 單槍投影機	◎學生在網路上蒐集到的現場照片，教師協助其成powerpoint。 ◎各組學生可事先專訪親朋好友，對其報導事件相關的記憶或實際參與的想法（如：若所欲報導的主題是1959年的「八七水災」，便可訪問公、阿嬤當時對事件的記憶）。

三、製作一個水災的檔案紀錄	◎各電台記者針對其報導的事件，作成書面資料，彙整後成一紀錄檔案，包括各組對整個課前準備活動的流程及對此事件的心得書寫等。	40分		◎檔案紀錄完成後，學生可再次互相觀摩相關主題的內容。

評量方式：
(1) 各組能選取適當主題，蒐集相關資料並作為課堂的分享內容。
(2) 各組能相互合作、不推諉責任，並會運用適當的資源（如電腦搜尋、製作powerpoint）。
(3) 能在指定的時間內，共同完成「水災的檔案紀錄」之製作。
(4) 尊重他組所做的報告，並能觀摩學習他組「水災檔案紀錄」所呈現內容。

活動七　觀測天氣
教學時間：80分鐘

活動流程	師生的活動	時間	教材/教學資源	注意事項
一、說明「天氣」與「氣候」的不同	◎教師提問： 1.小朋友看看今天的『天氣』怎麼樣？ 2.『天氣』與『氣候』有什麼不同呢？	20分		◎教師之說明以中年級小朋友之認知及經驗為基準，難易度應配合中年級能力。

		時間		備註
	◎教師說明： 1.天氣： 大自然有著一張千變萬化的臉和難以捉摸的個性，比如明明是風和日麗的春天，一轉眼就下起大雨；或者在灰暗、陰冷的寒冬，太陽公公也會露個臉。像這樣短時間內大氣變化的現象，就稱為「天氣」。 2.氣候： 大自然也是個畫家！他最有名的四幅畫叫春、夏、秋、冬，它們是以不同的溫度和雨量為顏料畫成的，各有各的色彩組合，讓我們由溫度和雨量的差異而感受到四季變化。像這樣長時間天氣變化的綜合現象，就是「氣候」。	50分		
二、指導學生藉自然現象判斷天氣	◎教師提問： 1.小朋友今天有沒有帶傘或雨衣呢？ 2.你如何判定今天會不會下雨？需不需要帶雨具呢？ 3.你是根據氣象預報來觀測天空？或者看天氣？還是有其它的方法呢？			◎此時教師可導入所攜原畫盡，教師指導學生適時所穿之雨具：如雨帶、雨衣、雨傘之長度勿過腳踝、顏色以鮮明為原則

92

教學活動	教具		注意事項（評量）
◎觀看天氣相關錄影帶，影帶重點旨在說明下雨前後之天氣變化與特徵，如下雨前後之天氣變化與特徵，如下雨前可能會有烏雲、天氣較悶熱、下雨前可能會有烏雲、天氣較悶熱、下雨時可能會打雷、雨後可能會有蜻蜓、蚯蚓或彩虹的出現…等相關變化。 ◎小組討論 1.配合經驗討論下雨前可能之前兆。 2.下雨前後景象之變化。 3.打雷時該怎麼辦？哪些地方可以躲？哪些地方不能躲？ ◎小組發表。	錄影帶		為宜，鼓勵學生隨時備輕便雨衣包，以便書寫時不需之。 ◎教育學生借傘禮儀，如撐傘、收傘、共用傘具、雨傘在教室之放置規則…等生活各情，各須頭知微細微須知。 ◎機會教學使用，會用借傘還傘之愛心，還應公德心…最雨具教室。 ◎教師巡視到各組，了解討論情形，並口頭即時鼓勵增強。 ◎指導學生勇於表現學習，並傾聽別人想法。 ◎教師將資料適時檢核收回，並當面給予回饋。

三、教師歸納整理	◎教師歸納、整理報告結果，指導學生討論後，將討論內容歸納整理成為文字資料。	10分		◎教師應隨時檢核觀察情形，並適時給予回饋。
四、指導學生對天氣現象進行短期的觀察	◎指導小朋友進行一週之天氣觀察並記錄。 ◎指導小朋友進行一週之天氣觀察並記錄。觀察期間，教師可運用每天晨會時間（約5～10分鐘）進行檢核，一週後全班共同討論。 （時間可視課程進度做適切安排）			

評量方式：
(1) 觀察學生對天氣的敏銳度，是否能利用所學觀測天氣，如下雨天是否攜帶雨具。
(2) 評估學生討論、發表的過程中表達的觀念是否正確。
(3) 檢核學生的天氣觀察記錄。

活動八　酷必得雨具設計大競賽
教學時間：120分鐘

活動流程	師生的活動	時間	教材/教學資源	注意事項
一、解說雨具的歷史	◎教師提問：小朋友知不知道以前的人如何遮雨？ ◎教師說明雨具的歷史，如芭蕉葉、紙傘、蓑衣的使用，及現代奶瓶傘、輕便雨衣的創造。	10分	各式雨具或圖片	◎教師可配合實物或圖片加以說明。 ◎實物或圖片由師生共同收集。

二、說明雨具之外，其他方式的避雨措施	◎教師提問： 1.就你所知人類除了利用雨具來遮雨之外，還有哪些因應措施？ （教師適時說明除了雨具之外，人類的避雨措施，如採光遮雨棚、風雨操場、汽車窗戶旁的晴窗。）	10分		
三、分工合作製作雨具	◎分組製作雨具。 ◎指導小朋友發揮想像力、創造力，合力設計自認為最實用且最炫的雨具。	80分		◎教師事前聯絡家長，請家長配合準備材料，以廢物利用、無危險性為佳。 ◎教師巡視到各組，瞭解各組討論情形，並立即口頭鼓勵。
四、欣賞與評論	◎酷必得雨具展示。 ◎教師設計分組上臺報告學生互評表，讓學生學習互評，並說出評量的理由何在。 ◎選出最佳作品。 ◎教師總結評論。	20分		◎配合獎勵點卡或記點等措施鼓勵。

評量方式：
(1) 觀察學生參與雨具製作之積極程度。
(2) 評估學生完成作品之創造力、實用性。

本單元課程設計方式

本單元課程的設計步驟

　　「各位觀眾，記者現在所在地是南投縣草屯鎮，當地連日來的豪雨造成嚴重的土石流現象產生……」；「午後的一場大雷雨使得高雄部分地區頓時陷入一片水鄉澤國，有的地區淹水甚至高達一層樓高……」。

　　自從進入梅雨季節以來，每當打開電視首先映入眼簾的，都是一則則有關豪雨成災的報導，隨著緊接而來的颱風季節，「下雨」，似乎成為現在大家最關心的話題，人人談「雨」色變，彷彿是猛獸般避之尤恐不及。事實上，「下雨」真的那麼可怕嗎？難道「下雨」沒有它有益的地方嗎？「下雨」無法事先預測做好防範嗎？一連串有關「下雨」的問題浮現在我們這群想要讓小朋友們從生活中體驗自然、認識自然的課程設計者心中，因此，在一個也是「下雨」的星期天，我們四個夥伴們彼此相聚在一起，經由一連串的對話和討論，最後決定以「下雨」作為我們此次課程設計的中心主題，並藉由這個主題共同協商出一些相關的概念，進行一連串的課程設計。我們的步驟如下：

1. 先以日常生活中的自然現象為思考點，找出彼此共同認可最適合學生舊有經驗，而又不會太複雜的主題為中心。
2. 有了中心主題後再共同思考，激盪出與主題相關的五大概念。
3. 再由五大概念為出發，決定學習階段，彼此相互合作參閱課程綱要，在各領域中找出相符的能力指標。

4.有了能力指標後，再對照概念網訂定我們的具體單元目標。

5.最後再由單元目標出發，發展出與之呼應的教學活動，並依中心主題、五大概念、八大活動繪製成概念架構圖。

6.最後再彼此共同討論、修正，完成整個主題統整課程設計。

對本單元課程實施的建議

此課程模式乃採用超學科的課程設計，因此，在現行分科教學的學校結構下必定有所限制，故而提出以下建議供課程實施者參考。但本課程設計方案，基本上只供架構參考之用，各校、各教師仍可評估自身的情境，做適當的修正與調整。

1.為達到超學科的課程目的，因此在課表的安排上，行政若能做彈性的調整與分配，將更有助於課程的實施與進行。如：不以分科而以統整的主題活動方式來安排課表，如此，完整的主題概念，一氣呵成，不因此而打斷，學生亦能獲得完整而非零碎的片段知識。

2.亦可採取協同教學。教師的專長互異，以協同方式可截長補短，讓教學活動進行的更順暢。

3.可依據教師的專長，選取其適合的領域來實施課程。

對未來從事相同模式設計的建議

1. 可使用師生共同協商的方式，來擬定課程的主題（即組織中心）。時間方面，則可利用學期末、放假前的空檔來進行協商，如此一來，教師便可在寒、暑假的時間，依學期末師生共同協商出來的主題，先行做課程的設計，而開學後便可正式實施了。學生亦可利用假期進行相關資料的蒐集與閱讀。

2. 此課程設計乃四位教師共同合作、研究的成果，因此，仍鼓勵教師能組成教學團（team），共同協商以增長彼此課程發展的能力。

附錄一：雨中即景觀察記錄表

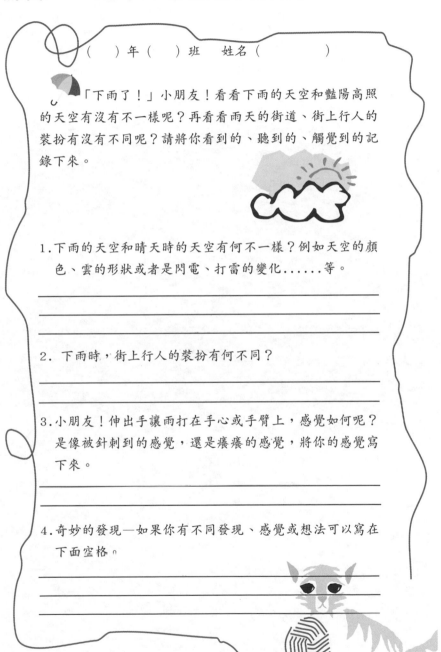

（　）年（　）班　姓名（　　　　）

「下雨了！」小朋友！看看下雨的天空和豔陽高照的天空有沒有不一樣呢？再看看雨天的街道、街上行人的裝扮有沒有不同呢？請將你看到的、聽到的、觸覺到的記錄下來。

1.下雨的天空和晴天時的天空有何不一樣？例如天空的顏色、雲的形狀或者是閃電、打雷的變化……等。

_____
_____
_____

2.下雨時，街上行人的裝扮有何不同？

_____
_____

3.小朋友！伸出手讓雨打在手心或手臂上，感覺如何呢？是像被針刺到的感覺，還是癢癢的感覺，將你的感覺寫下來。

_____
_____
_____

4.奇妙的發現—如果你有不同發現、感覺或想法可以寫在下面空格。

_____
_____
_____

單元 二

蠶

設計者：秦嗣輝

教學年級：三年級

單元總節數：11節

設計理念說明

　　「養蠶」課程的歷史維持已久，在早先部編本時代就有養蠶這個單元，在開放民間版本後，仍有許多出版社在認識小動物生長情形時仍然是選擇蠶來做為教材，在日益開放課程的時代中，養蠶的單元曾備受批判，為何全國同一時間幾乎所有三或四年級的小朋友都在養蠶，為何不養其他昆蟲？會不會造成生態的問題？會不會小朋友只認識在生活中不易出現的蠶，而不認識其他生活周遭出現頻率更高的昆蟲，如蝴蝶、蟋蟀、螳螂、蟬等呢？會不會與學校本位課程有所衝突？蠶與桑葉要去哪找？

　　為何許多老師反對聲浪那麼大，卻又不得不低頭繼續養蠶的原因，筆者歸納幾點：（1）蠶在幼蟲時長相比毛毛蟲好看，沒有毒性且較不噁心；（2）蠶只吃桑葉，食物來源單一性，可以不用特別了解每種昆蟲食性；（3）蠶的生長週期不長且幼蟲到成蟲變化相當的大，是相當方便的教學材料。

　　雖然現在有許多老師帶領學生飼養紋白蝶、螳螂等昆蟲，但客觀環境無法克服時，何妨不用一種大範圍的觀點，以領域內自行統整的方式，讓養蠶不只是養蠶，讓學生學習到蠶與中國、外國文化的影響，蠶絲的經濟價值，培養耐心的態度，了解與蠶有關的成語中，增進親子間的感情，以一種說故事的方式，讓孩子如探險家一般，看著蠶兒一天一天，對蠶背後的知識與影響也日益了解。

　　由於養蠶不是短時間就可以上完的課程，需要花將近一個多月的時間來上，在其他單元課程仍然要繼續的情況下，老師需要以間斷的方式來上課，所以設計本單元以每週兩堂課的方式設計，以五週十一堂課做一個單元的結束。在開始時，老師可以向養蠶協會索取二或三齡的蠶、

蠶卵及桑葉,並教導孩子養蠶的方法,接下來就隨時關心
孩子養蠶的現況並進行統整的課程,讓孩子在養蠶的過程
中越來越了解蠶。

　　在評量的部分可分為兩個部分,一個是實作評量,一
個是書面報告:

實作評量部分

　　老師可以就平時觀察學生照顧蠶寶寶的態度及蠶的生
長情形來評判學生養蠶的成績如何。

書面報告部分

　　學生從不同的角度查資料,了解蠶對人類的影響,對
於養蠶所聯想的事情。可以寫一篇與蠶有關的作文,如養
蠶育愛心、或養蠶知父母恩等。

課程架構

學習階段：第二階段

涵蓋領域：自然與生活科技、語文、社會學習領域、
家政議題

概念架構

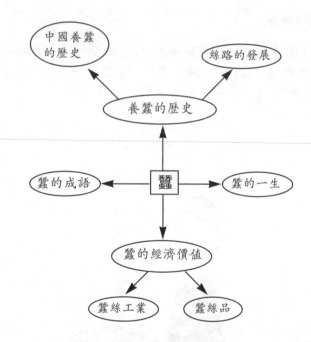

課程目標

單 元 目 標	能 力 指 標
一、蠶的一生 1. 了解養蠶的方法。 2. 了解蠶所生長的生活環境。 3. 了解蠶的變化、結繭和羽化的過程。 4. 了解蠶蛾和幼蟲時的身體構造、運動方式和進食情形。 5. 透過養蠶的過程,了解動物一生有其生長順序,並從此培養其耐心照顧、觀察與探究的態度。 6. 從養蠶過程中了解父母親照顧自己的不易。	【自】2-2-2-1實地種植植物,飼養一種小動物,並彼此交換經驗。 【自】5-2-1-1相信細心的觀察和多一層的詢問,常會有許多的新發現。 【自】5-2-1-2能由探討活動獲得發現和新的認知,培養出信心及樂趣。 【自】6-1-2-1養成動手做的習慣,察覺自己也可以處理很多事。 【自】6-2-1-1能由「這是什麼?」、「怎麼會這樣?」等角度詢問,提出可探討的理由。
二、蠶與中國及外國的歷史 1. 了解養蠶的歷史起源。 2. 了解祖先對絲路的經營與位置。 3. 了解外國人對蠶絲品的喜好。 4. 了解外國人透過蠶絲與瓷器對中國的嚮往。	【社】1-2-1描述地方或區域的自然與人文特性。 【社】9-2-3舉出外來文化、商品和資訊影響當地文化和生活的例子。
三、蠶的經濟價值 1. 了解蠶絲所演繹出的工業價值。 2. 了解蠶絲的利用。	【社】7-2-2辨識各種資源並說明其消失、再生或創造的情形。 【家】2-3-1了解事物與生活的關係。
四、蠶的語詞 了解與蠶相關的語詞。	【語】E-2-6能熟練利用工具書,養成自我解決問題的能力。 【語】E-2-7能配合語言情境閱讀,並了解不同語言情境中字詞的正確使用。

教學活動

教學活動要點說明

教學活動名稱	教學要點	對應目標
活動一： 蠶的一生	1.指導學生如何照顧蠶，例如為蠶準備有蓋的盒子、桑葉洗淨後擦乾、隨時清理蠶的大便、觀察蠶是否發生病變等。 2.指導學生了解蠶的一生變化，從蠶的顏色、長度、大小、透明度、食量及脫皮的次數來感覺蠶的成長。 3.與學生討論養蠶的經驗，引導學生回顧家人對其養蠶過程的幫助。 4.請學生試著將養蠶的過程與父母親養育孩子的過程作連結，讓孩子了解父母養育之恩。	【自】2-2-2-1 【自】5-2-1-1 【自】5-2-1-2 【自】6-1-2-1 【自】6-2-1-1
活動二： 蠶絲的歷史	1.利用說故事的方式，讓學生對祖先們養蠶的歷史有所了解。 2.利用張騫出西域、班超在西域經營的事蹟等，讓學生了解古中國對絲路經營的情形。 3.利用馬可波羅、哥倫布發現新大陸的故事，讓學生了解西方人對中國的嚮往。	【社】1-2-1 【社】1-2-6 【社】9-2-3

活動三： 蠶的經濟價值	1.從蠶絲的產品如蠶絲被、衣物、絲巾的價格，比較其他織品相對價格，可了解蠶對經濟的貢獻。	【社】7-2-2 【家】2-3-1
活動四： 蠶的語詞	1.請學生事先查詢與蠶有關的語詞，並利用學生對蠶生活習性的了解，解釋詞語的意義，讓學生有更深刻的體會。	【語】E-2-6 【語】E-2-7
活動五： 養蠶的心得分享	1.分享養蠶過程的想法。	

教學活動內容

活動一　蠶的一生
第一節課

活動流程	師生的活動	時間	教材/教學資源	注意事項
課前準備 引起動機 教學活動	1.老師準備蠶卵、一齡蠶或二齡蠶及桑葉，讓學生能開始準備養蠶。 2.講述印地安瓊斯的故事，讓學生很快的能進入情境當中。 ★生長在中東地區的印地安瓊斯從小就看著駱駝商隊駝著來自遙遠東方中國的高級衣料—蠶絲、絲織品，賣到西方各國的貴族手中，小小印地安瓊斯的心裡想著，是什麼秘密讓一隻不起眼的蠶吐出來的絲居然是貴族們的最愛？長大後的印地安，在一次駱駝商隊經過時，遭到強	10分	蠶卵、桑葉、一齡蠶或二齡蠶。	老師可事先協會，請養蠶協會提供蠶卵、幼蠶、桑葉等資源。蟻蠶太小，且所需要的桑葉需要鮮嫩，比較不好養，可以從二齡蠶開始養。

盜搶奪絲織品，在搶奪的過程中，商隊遺失了從古中國帶回來有關蠶絲的秘密文件，其中記載著蠶絲如何對人類的影響。從強盜搶殺中逃出的商隊領袖帶出此一消息後，立即引發全世界各國的注意，並積極的想要從此幫搶匪的手上拿到此一秘密，印地安瓊斯也接受委託，準備深入古中國，一探蠶的秘密，小朋友們，您就是那位英勇的印地安瓊斯，請為我們解開此一秘密吧。		
3.講述學生養蠶的技巧，如：餵食前桑葉必須乾淨、大便的清理、注意蠶活動狀況、準備養蠶的紙盒等。	10分	
4.詢問學生養蠶的意願，原則上將蠶發給每位學生，如果不願養蠶者，則與同學共同觀察。	20分	
5.讓學生輪流觀察蠶卵的顏色、形狀，並且用尺測量卵的長度後記錄下來。		

評量方式：仔細觀察蠶卵的顏色、形狀及測量長度後記錄在學習單上。

活動一　蠶的一生（續）
第二節課

活動流程	師生的活動	時間	教材/教學資源	注意事項
	利用第一節課發給學生的蠶做觀察，讓學生了解蠶的生理構造			建議使用二齡蠶，因為蟻蠶太小，不好觀察。
	1.請學生觀察蠶寶寶如何進食、移動方式是又是怎樣進行的？	5分		
	2.請學生就觀察的現象做簡單的報告。	10分		
	3.告訴學生蠶寶寶生長過程會有蛻皮的現象，每蛻一次皮就是多了一齡，並請學生觀察蠶寶寶怎麼蛻皮的，幾天蛻一次皮。	15分		
	4.老師將學生分成四組，針對養蠶的歷史，請學生事先找尋資料，下一節課時由小組作報告。報告主題如下： a.養蠶的歷史 b.絲路的經營 c.對外國人的影響 d.蠶絲的利用	10分		
評量方式：觀察蠶進食方式及蛻皮現象，並將蛻皮時間與情形記錄在學習單上。				

活動二　蠶絲的歷史

第三、四節課

活動流程	師生的活動	時間	教材/教學資源	注意事項
	1.疑問解答：看看學生養的蠶，對學生養蠶問題解答，並予以指導。	10分	歷史書籍，可參考附錄資料	小朋友都喜歡聽故事，尤其是歷史故事。老師可藉由說故事當中，要求學生回去找相關的資料，加深學生對此段歷史的認識。
	2.講述中國養蠶的歷史及影響的故事。	10分		
	3.學生依課前蒐集得資料作簡要報告。相傳黃帝時代就開始養蠶，其方法一直保密，在二千五百年前開始將絲織品輸出到印度、波斯（伊朗）、土耳其、羅馬等國，那時商人所走的路稱為「絲綢之路」，中國漢唐等歷代祖先為了能保持貿易的順暢，均上演一部轟轟烈烈的絲路保衛戰，如張騫出使西域、班超的投筆從戎，造就了不少優秀的藝術品，如敦煌的石窟等，因此搭起中西文化的交流。	40分	白板海報紙麥克筆白板筆絲路位置的地圖	
	4.教師歸納整理，說明蠶絲與中國對外經貿、交通的重要關係。	20分		
評量方式：利用圖書館或網路查詢相關資料，做成書面報告，並能以說故事的方式來做口頭報告。				

活動一　蠶的一生（續）
第五節課

活動流程	師生的活動	時間	教材/教學資源	注意事項
	1.疑問解答：關心學生養的蠶，對學生養蠶問題解答，並予以指導。	10分		
	2.詢問學生養的蠶是否已經開始吐絲，並準備結繭，如果有的話，請學生談談他的發現。	10分		
	3.老師請學生注意蠶寶寶吐絲的習性，如到角落結繭、吐絲前不吃不動、頭向上仰等各種徵兆。	10分		
	4.注意吐絲的過程，量量繭的長度、顏色、形狀，並記錄下來。	10分		

評量方式：能了解蠶結繭時的現象，並適時的紀錄下來。

活動一　蠶的一生（續）
第六節課

活動流程	師生的活動	時間	教材/教學資源	注意事項
	1.疑問解答：關心學生養的蠶，對學生養蠶問題解答，並予以指導。	10分	一、二顆蠶繭即可。	學生養蠶養一段時間後，已經對蠶有感情，在割開蠶繭時需與學生溝通，以免讓學生認為老師很殘忍的要用刀子殺死蠶寶寶。
	2.請學生提供一、二顆蠶繭，準備割開蠶繭進行蠶羽化過程的的教學。	10分		
	3.利用美工刀將蠶繭割開，並讓學生分組到講桌前面觀察在繭裡面的蠶蛹。	15分		
	4.請學生觀察蠶蛹的大小、顏色及觸摸時是否有知覺。			
	5.觀察蠶蛹與蠶寶寶的身體型態是否有所改變。	5分		
	6.利用橡皮筋將蠶繭捆好，請同學帶回，下次繼續帶來觀察。			

活動三　蠶的經濟價值
第七節課

活動流程	師生的活動	時間	教材/教學資源	注意事項
課前活動 教學活動	1.老師準備一些絲織品讓學生親手摸摸其質感。 2.問學生是否看過蠶絲品？ 3.蠶絲品的價值不匪，老師以講述法對市面上蠶絲品如衣物、蠶絲被的價位，比較一般織品的價格，即可知道蠶絲價格的昂貴。 舉例來說： 蠶絲的衣物：一千元至萬元以上。 蠶絲被：六千元以上。 4.蠶絲品價值相當高，其保養方式就比其他衣料來的麻煩，必須使用手洗及冷洗精，不可以放在洗衣機洗，由此可見，蠶絲品的珍貴。 5.老師可示範用繭取絲，先將繭放入熱水中浸泡，用毛筆攪動就可以找到絲頭，在將絲慢慢抽出，讓學生了解抽絲剝繭的不易。 6.老師可以舉例除了蠶絲被、衣服外，還有其他用處，如裝飾品、扇子等。	10分 10分 15分 5分	絲的衣物、手帕或蠶絲被等。	蠶絲不易抽出，老師可事先練習抽絲的技巧。

活動一　蠶的一生（續）
第八節課

活動流程	師生的活動	時間	教材/教學資源	注意事項
	1.疑問解答：關心學生養的蠶，對學生養蠶問題解答，並予以指導。	10分	上一堂課已經割開的蠶繭	
	2.打開被割開的蠶繭，觀察羽化的情形。	10分		
	3.問學生是否已經羽化成蛾，如果有，則直接觀察蠶繭，蛾是如何跑出來的？如果沒有，則請學生特別注意。	10分		
	4.觀察蛾是否會飛？形狀與蠶寶寶的樣子有何改變？	5分		
	5.觀察蛾交配的情形。	5分		
評量方式：能觀察並記錄蠶蛾破繭而出的情形。				

活動四　蠶的語詞
第九節課

活動流程	師生的活動	時間	教材/教學資源	注意事項
準備活動	1.老師可事先找好相關的語詞。	10分		
	2.經過一段時間的養蠶，請學生查詢有哪些成語與蠶的生活習性有相關。			
教學活動	3.將學生分組去討論，可以查字典、百科全書等各種工具書找尋相關資料。			
	4.分組報告找尋的結果，解釋語詞的意義和蠶的特性有哪些相關連，並說明蠶的特性。 ※與蠶有關的詞語舉例： a.鯨吞蠶食 b.抽絲剝繭 c.破繭而出 d.作繭自縛 e.春蠶到死絲方盡	30分		
評量方式：使用工具書查詢相關成語的意義。				

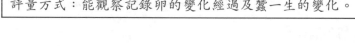

活動一　蠶的一生（續）
第十節課

活動流程	師生的活動	時間	教材/教學資源	注意事項
	1.疑問解答：關心學生養的蠶，對學生養蠶問題解答，並予以指導。	10分		
	2.引導學生觀察蛾所產下的卵，注意蠶蛾如何產下卵。	10分		
	3.觀察蠶卵是否有重疊現象、產卵的數量、卵的顏色與大小。	10分		
	4.與學生討論蠶的一生，蠶卵→蟻蠶→幼蟲→蠶蛹→蠶蛾→交配→雌蠶蛾產卵，雄蠶蛾隨即死亡→蟻蠶...，體會生命的生生不息。	10分		

評量方式：能觀察記錄卵的變化經過及蠶一生的變化。

活動五　養蠶的心得分享
第十一節課

活動流程	師生的活動	時間	教材/教學資源	注意事項
	1.與同學討論照顧蠶的心得，讓學生對自己養蠶的經驗做一個口頭報告。	15分		
	2.談談養蠶後與家人互動的情形，因為發現養蠶不只影響小朋友，也牽動了家中每個成員，如父母親偶而會成為代理保母，哥哥姊姊成為諮詢顧問，弟弟妹妹可能成為臨時的小跑腿，增加全家的互動。	25分		
	3.引導學生從養蠶過程中思考平日父母親照顧自己的不易，把自己當作是父母親，而蠶就像是他自己一般，將蠶從幼蟲養到變成蟲，就像父母將自己從嬰兒養大到現在的模樣一般的辛苦。 補充資料： 蠶並非每一隻都能長大吐絲，在從照顧蠶，幫蠶整理居處，餵食桑葉；觀察活動情形、病痛狀態正如父母自小照顧他一般，無時無刻細心呵護，讓小孩從養蠶過程反思父母親的愛心。 有時孩子會養蠶養到煩，正如孩子無端犯錯，父母親也有心情不好時，相互體諒，增加親子溝通的機會。			

評量方式：寫一篇相關的生活小記或作文，讓學生從文中反思父母的恩情，題目如：養蠶育愛心、養蠶知父母恩等。

本單元課程設計方式

設計過程

　　九年一貫課程中，認識動植物是相當重要的能力，小朋友對會動的東西都相當感興趣，尤其是飼養小動物，更是躍躍欲試，但往往限於住家環境及照顧問題，許多家庭無法讓學生飼養小動物，而養蠶是一個不太影響家中環境的方式。

　　由於養蠶需要時間性，上課時必須間斷的上此單元，時間有時得拉長到一多個月，在漫長的過程中，我思考著除了養蠶本身外，是不是可以讓養蠶不只是養蠶，而是一種結合歷史、成語、情意及經濟的領域內統整課程，在養蠶的過程中慢慢的實施，因此設計了這一個統整課程，讓養蠶不只是養蠶，而是一種合乎兒童生活經驗的學習。

實施建議

　　蠶的長大是需要時間的，所以建議老師實施本課程時，可以彈性的調整課程。例如每週上兩節課，持續約五週就可以上完本課程，此時蠶寶寶也長大產卵了。有的蠶長的比較慢，時間會拖比較久，時常單元結束後，學生對蠶仍有相當多的問題，建議老師多與學生討論並適時指導，讓學生真正體會照顧小動物的樂趣。

　　如果您所任教的地方沒有蠶，可與養蠶推廣協會聯絡，養蠶協會可以提供蠶及桑葉，並做蠶卵的回收工作，老師不妨試試看。

　　財團法人台灣蠶業發展基金會　台北市羅斯福路一段七號十樓之四
　　劉瑞源　傳真：02-23570881　電話：02-23579978

蠶寶寶的日記

蠶寶寶觀察記錄表（每二、三天記錄一次）

班級：　　　　座號：　　　　姓名：

日　期	蠶寶寶生活狀況	我爲蠶寶寶做的事情	備　註

參考書目

小魯出版社編（民81）。寫給兒童的中國故事（3）─自稱始皇帝的秦始皇─漢武帝的大業。台北：編者。

小魯出版社編（民81）。寫給兒童的中國故事（1）─盤古開天─好禮的周人。台北：編者。

小魯出版社編（民81）。寫給兒童的中國故事（7）─金朝女真人和畫─元朝統治的沒落。台北：編者。

世一書局編（民75）。世界偉人傳記6─馬可波羅。台北：編者。

光復書局編（民81）。畫說中國歷史1─遠古的傳說–炎黃時代。台北：編者。

光復書局編（民81）。畫說中國歷史8─雄才大略的漢武帝。台北：編者。

光復書局編（民81）。畫說中國歷史22─燦爛的大唐世界。台北：編者。

光復書局編（民81）。畫說中國歷史23─跨越歐亞的元帝國。台北：編者。

李永敏（民84）。蠶寶寶的故鄉。台北：遠流。

吳涵碧（民74）。吳姐姐講歷史故事（第一集）。台北：中華日報社出版。

吳涵碧（民74）。吳姐姐講歷史故事（第二集）。台北：中華日報社出版。

吳涵碧（民74）。吳姐姐講歷史故事（第六集）。台北：中華日報社出版。

孫婉玲（民81）。蠶寶寶長大了。台北：親親文化。

圖文出版社（民74）。人文圖書館─4秦漢帝國。台北：編者。

Katia Fortier（民81）。蠶絲的故事。台北：台灣東方出版社。

單元三
男女同不同

設計者：黃淑茹　陳浙雲
　　　　管淑華　邱惜玄
教學年級：五年級
單元總節數：12節

設計理念說明

單元主題的重要性

在現今民主多元的社會，講究「平權」，尊重他人的選擇和意見，傳統「男尊女卑」、「男主外，女主內」、「男生堅強，女生柔弱」等刻板印象早已不合時宜。

國民教育階段是開發個人潛能、為國育才的基礎；而國民小學正值學習態度與人格發展奠基的關鍵時期，因而，在國小實施兩性教育，最具身心發展上的必要性，且最能發揮實質功效，並能產生長遠影響。

我國憲法第159條明文規定「國民受教育機會一律平等」，但國內許多研究指出，當前學生在受教歷程中，常經由學校的教學與教材而刻意的被強化性別的刻板印象。教育係運用教與學的互動來提昇人類知、情、意的改變，以促進社會整體性的改革、創新與發展。而今充滿性別偏見的觀念深植教育體系，不但無法達成教育應有的目標，更無法培育具備全人觀點的國家棟樑。由新聞報導可見，每隔一陣子就會傳出某些人想要「變性」的新聞，這些事件的主角人物，苦於傳統刻板的性別角色，限制了他（或她）的活動與興趣，因此嫌惡起自己的性別身分，想要以手術變換性別，一了百了。兩性刻板印象影響人類生活的深遠，由此可知。

本單元主題試圖引導學生打破兩性刻板印象，幫助學生學習尊重他人的興趣和嗜好，讓其明白人與人之間的不同主要來自於每個人的獨特性，而非只是性別差異。不論是男孩或女孩，都可以溫柔也可以陽剛，大家都可以順性發展，活得自在，並經由相互的了解與尊重，營造一個和諧的兩性互動空間。

本單元主要目標構想

　　本單元擬由性別印象、性別角色、兩性互動、家事分工、性別認同、職業選擇等向度，引導學生建立正確的性別角色認知，消除性別分化、刻板印象、性別歧視等不平等現象，並積極探求兩性權利、義務的價值觀，激勵發揮個體的潛能為主要目標。

選擇材料、學習經驗與活動之考量因素

1. 潛藏兩性偏見的教材，會傳遞錯誤的訊息與不良示範，對學生的性別意識與角色認同發展造成偏頗的影響，因此材料的選擇不可不慎。本單元共選用兩本圖畫書，其中，《威廉的洋娃娃》一書，作者透過一個小男孩威廉的希望，引導出兩性教育的觀點。從玩具的屬性探討一般人對男孩與女孩的性別角色觀點，簡單的故事中，蘊含了深厚而值得思考的觀念。而《紅公雞》一書，則藉由大公雞孵蛋、父兼母職的情形，來告訴讀者：照顧孩子與料理家務不是女性的責任與義務。二書所傳達的訊息，都可提供兒童性別角色發展的正確仿效對象。

2. 本單元部分活動選擇圖畫書作為素材來源，主要是因為兒童讀物的作者大抵站在兒童的立場，依據兒童的發展特性與需要，使用兒童習慣的語言來撰寫，其呈現方式通常較能顧及學生的心理需求，因此會比一般刻意編寫的教材更能為學童接受，是兩性教育教材極佳的選擇。

3. 學生的學習經驗愈貼近其真實生活，愈容易產生意義，也愈容易產生學習的內化、類化及學習遷移，是故，本單元學習活動多選擇學生在家庭、學校、社會中的實際生活經驗為素材，以提高學生學習的興趣及成效。

4.為提昇學習效果，本單元設計多元的學習活動，包
　括深度閱讀、團體或分組討論、訪問、調查、統
　計、角色扮演、心得分享、檢核省思、寫作等，讓
　學生能有興趣參與，並從體驗與省思中產生改變。

評量構想

　　為使評量方式與教學情境密切配合，兼採以下多元評
量方式：

觀察法
　　透過實際教學情境中師生、同儕之互動，了解學生之
參與及表現，並藉由觀察，了解學生之學習成果及相關問
題。

實作評量
　　藉由學生之實際操弄之作品，及收集之資料，綜合其
表現，給予實作之成績評量。

口頭評量
　　經由學生之討論、辯論、發表及角色扮演等，給予口
頭之成績考評。

紙筆評量
　　透過學習單及短文之撰寫，評定學生之學習表現。

課程架構

學習階段：第三學習階段

涵蓋領域

語文、數學、社會、健康與體育、自然與生活科技、綜合活動、兩性教育議題、生涯發展教育議題、家政教育議題。

概念架構

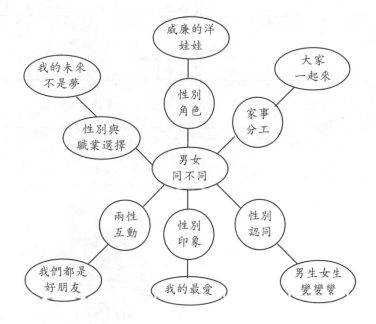

課程目標

單 元 目 標	能 力 指 標
1.體會性別角色的發展，培養相互尊重之道。	【兩性】2-2-2，2-2-4，2-3-2，3-2-1，2-2-3，2-2-5 【語文】B2-2-2,E2-8-5,E2-10-10 【家政】4-3-1
2.察覺性別刻板印象，破除迷思勇於表現自我。	【兩性】1-3-7，1-2-4 【語文】C2-3-7 【健體】1-2-5
3.認識兩性平等關係，建立良好互動模式。	【兩性】2-3-7,2-3-8,1-3-3 【社會】5-3-3 【綜合活動】1-3-1
4.建立兩性正確分工，協同合作的觀念。	【兩性】2-3-8，2-2-4 【家政】4-3-2
5.培養學生認識自我與他人的特質，並認同自己性別。	【兩性】1-2-1，2-1-5 【藝術與人文】1-3-3,1-3-7
6.指導學生建立正確的生涯發展觀念。	【兩性】1-3-1 ,1-3-2，1-3-6，2-3-3,2-3-4 【語文】A2-4-8,F2-10-2 【社會】7-3-1
7.培養學生調查訪問、收集資料、製作圖表、分析歸納、批判反思的能力。	【生涯】1-3-1,2-2-1 【自然與生活科技】1-3-5-1

教學活動

教學活動要點說明

教學活動名稱	教學要點	對應目標
活動一： 威廉的洋娃娃	1.深度閱讀主題書。 2.師生共同討論主題書。	1.體會性別角色的發展，培養相互尊重之道。
活動二： 我的最愛	1.學生分組進行問卷調查低、中、高年級學生所玩的玩具。 2.指導學生將調查資料製作統計圖表。 3.分組報告調查結果。 4.以「玩具應該規定男生玩還是女生玩。」題目進行辯論。 5.就經常從事的休閒活動進行分享與討論。 6.教師歸納整理，鼓勵突破性別角色刻板化的限制。	2.察覺性別刻板印象，破除迷思勇於表現自我。 7.培養學生調查訪問、收集資料、製作圖表、分析歸納、批判反思的能力。
活動三： 我們都是好朋友	1.角色扮演交換性別，體會不同性別的日常經驗。 2.學生自由發表心得與感想。 3.分組研討對男女生的刻板印象，相互分享回饋。 4.引導討論兩性相處注意事項。 5.歸納統整兩性良性互動模式。	3.認識兩性平等關係，建立良好互動模式。

| 活動四：
家事是誰的事？ | 1.以「家事分工自我檢核表」協助進行自我省思。
2.就自我檢核結果引導討論。
3.深度閱讀《紅公雞》。
4.深究討論書本內容。
5.填寫「家事超人」學習單，以了解學生自己家庭中家事分配情形。
6.製作統計圖，了解家事分配現況。
7.填寫「我是這麼想」學習單，鼓勵學生就家事分配現況進行省思發表看法。
8.分組討論發表，以了解不同家庭內的家事分配情況。
9.進行「我要這麼做」活動，指導學生重新檢核「家事超人」學習單，建構家事分配的新看法。
10.歸納整理建立「家事是大家的事」的觀念，男生女生一起來。 | 4.建立兩性正確分工，協同合作的觀念。
7.培養學生調查訪問、收集資料、製作圖表、分析歸納、批判反思的能力。 |
| 活動五：
男生女生變變變 | 1.以錄影帶引發男性、女性特質辨別的討論。
2.觀賞影帶討論對反串表演的看法。
3.師生共同討論對自己性別的看法，聆聽他人對性別的期待與困擾。
4.教師歸納說明：現今社會對男女生存有雙重標準，社會上真的有些人有性別認同的困擾，我們應尊重有性別認同困擾的人。 | 5.培養學生認識自我與他人的特質，並認同自己性別。 |

| 活動六：
我的未來不是夢 | 1. 進行「小記者」學習活動，訪問家人職業以及自己未來希望選擇的職業。
2. 依調查結果製作統計圖。
3. 就統計圖討論了解職業選擇存在性別的刻板印象。
4. 學生從傳記等「尋找尊敬的人」，並寫出他們令人尊敬的地方與特質
5. 討論發表如何成為令人尊敬的人。
6. 歸納整理只要肯努力男生女生都可以成為令人尊敬的人。
7. 寫作「未來我想做的事」短文。
8. 討論自己想做的職業與家長期待自己選擇的職業。
9. 鼓勵學生跳脫性別刻板印象選擇職業。 | 6. 指導學生建立正確的生涯發展觀念。
7. 培養學生調查訪問、收集資料、製作圖表、分析歸納、批判反思的能力。 |

教學活動內容

活動一　威廉的洋娃娃

活動流程	師生的活動	時間	教材/教學資源	注意事項
一、講述或閱讀圖畫書：《威廉的洋娃娃》	教師講述或學生自行閱讀主題書	一節	《威廉的洋娃娃》圖畫書（遠流出版公司）	如由學生自行閱讀，圖畫書須準備人手一本的數量。
二、深究討論	導引問題： 1.你覺得威廉是個什麼樣的孩子？ 2.威廉想要一個洋娃娃，你覺得他奇怪嗎？ 3.如果你認識的男同學抱著一個洋娃娃，你會有什麼感覺？為什麼？ 4.威廉的爸爸為什麼買籃球和電動火車給威廉，而不買洋娃娃呢？ 5.威廉的奶奶為什麼買一個洋娃娃給威廉？ 6.最後威廉的奶奶告訴威廉的爸爸的一番話，你同意嗎？為什麼？ 7.照顧小孩需不需要學習？ 8.讀完這本書，你有什麼想法要跟大家分享？			
評量方式 （1）觀察法：能專心聆聽或閱讀故事。 （2）口頭評量：能深入思考問題，並有條理的表達自己的看法。				

活動二　我的最愛

活動流程	師生的活動	時間	教材/教學資源	注意事項
一、調查活動：「玩具身分證」與「男生和女生的玩具」	1.教師指導學生於課前調查一般市面上販售的玩具，上面標示的內容有哪些？把它抄下來，帶回班上討論。 2.學生於課前分組調查低、中、高年級學生所玩的玩具。問卷內容如下： (1)請問你是男生還是女生？ (2)請問你是幾年級？ (3)請問你最喜歡的玩具是什麼？最多可寫三種。 (4)在你挑玩具時，你會考慮哪些因素？	二節	「玩具身分證」學習單每組一份 「男生和女生的玩具調查」學習單每組一份	
二、分組報告與討論	8.教師指導學生把調查到的資料做成統計圖表，分組報告調查結果。 9.教師引導學生就之前的調查結果，討論： (1)哪些標示是所有玩具都共同具備的？ (2)玩具的標示是否有限制給男生玩或女生玩？		書面紙一大張、彩色筆、長尺、調查統計圖表每組一份	群內不調查，班級班別的貼在一段學生走廊間，使了解可將全部同組調查表張上一不同班級的調查結果。

129

	(3)男女生在選擇 玩具時是否有 考慮性別的因 素？		
三、辯論活動	將班群學生分為男 女兩隊，各推選代 表組成辯論隊伍。 就「玩具的選擇應 該男女有別。」的 題目進行辯論。	能容納班 群共同參 與的場地	拘可辯論不必 相己形式，只 泥兩隊互相 要輪流抒發意 見即可。但學 須提醒生 生：要尊重 對方，不可攻擊 用言語別人。
四、分享與討論 經常從事的 休閒活動	1.請學生發表自己 及家人於閒暇時 從事的的休閒活 動。 2.教師引導學生進 行討論： (1)你的休閒活動 是自己安排或 是父母選擇 的？ (2)你喜歡父母為 你安排的休閒 活動嗎？為什 麼？ (3)大部分男(女) 生常做什麼休 閒活動？為什 麼有這樣的差 別？原因何 在？ (4)你覺得有不適 合男(女)生 玩的休閒活動 嗎？為什麼？		

五、統整	教師歸納：			教師可舉一些楷模人物為範例。
	1.玩具及休閒活動是依個人喜好而有不同選擇，不是因性別而有不同。			
	2.提醒學生自我省察，鼓勵突破性別角色刻板化的限制，多嘗試有益身心發展的各種休閒活動。			

評量方式：
1.實作評量：
　(1)能分工合作進行調查，蒐集資料。
　(2)能製作統計圖表。
2.觀察：能主動參與討論並且當個好聽眾。
　口頭評量：能有條理的表達。

活動三　我們都是好朋友

活動流程	師生的活動	時間	教材/教學資源	注意事項
一、角色扮演	1.情境一： (1)老師請班長帶五位小朋友去辦公室搬桌椅，班長在挑選人選時，女生不願意去，而且說：「桌子好重，應該由男生去搬。」 (2)由男女生互換角色，互相體會感受。 2.情境二： (1)男生被鐵門夾到腳，鮮血直流，在醫院嚎啕大哭，醫生告訴他：「你是男生，不可以哭。」 (2)請學生扮演醫生，分別處理受傷的男孩及女孩時言語的安慰方式。	二節	「性別印象」學習單每個學生一份	教師宜適時引導，但不做討論。
二、分享與回饋	1.扮演者先敘述自己的角色感受。 2.學生自由發表心得與感想。			對學生之感受不做評論。
三、分組研討對男女生的刻板印象	1.我的印象中男（女）生的優（缺）點是什麼？ 2.我曾經以上述的缺點批評異性嗎？為什麼？			同性別編組。

	3.「女士優先」合理嗎？爲什麼？ 4.「男兒有淚不輕彈」合理嗎？爲什麼？		將組員意見整理報告。
四、引導討論	1.分組報告研討結果。 2.教師引導全體學生共同討論： (1)與異性相處時造成不愉快的原因何在？如何克服？		
五、統整	教師歸納： 1.一般人對男（女）生的刻板印象，容易造成溝通時的障礙。應客觀的就事論事，避免用情緒性的話（如：你們女（男）生就是這樣！）刺激對方。 2.兩性相處的原則應注意以身心特質爲歸因，而非以性別爲歸因。 3.變遷社會中，男尊女卑的相處模式應予破除。		如有不同討論結果，請依實際狀況歸納。

評量活動
觀察法：
(1) 能主動參與表演與討論。
(2) 能主動發表並且當個好聽眾。
(3) 能反省自己曾否以刻板印象攻擊他人。
(4) 能省思角色扮演的心得。

活動四　家事誰的事？

活動流程	師生的活動	時間	教材/教學資源	注意事項
一、自我檢核	引導討論「不願做」、「願意做」、「常做」中的選項進行檢核勾選。	二節	「家事分工自我檢核表」每生一份。	如由學生自行閱讀，圖畫書須準備人手一本的數量。
二、講述或閱讀圖畫書：《紅公雞》	教師講述或學生自行閱讀主題書。		《紅公雞》圖畫書（信誼基金出版社）	如由學生自行閱讀，圖畫書須準備人手一本的數量。
三、深究討論	導引問題： 1.紅公雞是一隻什麼個性的雞？ 2.公雞和母雞有哪些不同的地方？ 3.你覺得母雞孵蛋是天經地義的事嗎？ 4.自然界中，有哪些生物是由雌性動物帶小寶寶？有沒有雄性動物帶小寶寶的？ 5.你覺得做家事或是照顧小寶寶這樣的事，誰來做比較好？為什麼？ 6.讀完這本書，你有什麼想法要跟大家分享？			

四、進行「家事超人」學習活動	1.填寫學習單，以了解自己家庭的家事分配情形。 2.學習單內容包括： (1)你現在家裡住了哪些人？他們一天當中做了哪些事？ (2)誰做的家事最多？為什麼他（她）做得最多？ 3.共同製作「家事超人」統計圖。	「家事超人」學習單每個學生一份。 書面紙一大張、彩色筆、長尺	請學生將所知道的全部列出來。 製圖供學生了解各班不同分布，提供更豐富的討論資料。班群各班之統計張貼走廊，學生了解各班不同分布。
五、進行「我是這麼想」學習活動	1.每一學生分別填寫學習單，內容包括： (1)家中的家事分配狀況你滿意嗎？為什麼？ (2)為什麼大多數家庭中都是媽媽最忙？ (3)有人說「爸爸要上班，所以不要做家事」，你覺得如何？ (4)你對「媽媽要上班，還要做家事」的感覺如何？ (5)你覺得男（女）生應該做家事嗎？	「我是這麼想」學習單每個學生一份。	提醒學生注意別人家庭的家事分工和自己家庭之異同。

	(6)男生和女生所做的家事都可以一樣嗎？爲什麼？ 2.小組討論交換意見。 3.請學生發表討論結果，並請與大部分同學較不一樣的家庭家事分配狀況的同學分享經驗。		
六、進行「我要這麼做」學習活動	1.教師指導學生就「家事分工自我檢核表」自我檢核看看自己的想法是否有改變。 2.請學生發表上課前後，自己對家事分工的看法。	「家事分工自我檢核表」每生一份。	前後兩次自我檢核做比較。
七、統整歸納	教師歸納統整： 1.時代改變，社會變遷，家務分工須再調整。 2.家事是大家的事。每個家庭的家事分工不盡相同，但應視每個家庭的狀況及能力來做分配，使男、女生能平均分擔家務，各盡家庭一份子之責。		

評量活動
1.觀察法：
　(1)能專心聆聽或閱讀故事。
　(2)能主動參與討論。
　(3)能用心填寫學習單。
　(4)能就前後檢核情形加以比較。
2.口頭評量：
　(1)能深入思考問題，並有條理的表達自己的看法。
　(2)能具體舉例說明自己的生活經驗。
3.紙筆評量：能具體寫下自我感受。

活動五　變男變女變變變

活動流程	師生的活動	時間	教材/教學資源	注意事項
一、辨別與討論男性與女性的特質	1.教師播放事先錄製街頭各式各樣人的錄影帶，停格在這些人的背部。 2.請學生猜猜這些人的性別，並說明何以如此認為。 3.請學生發表意見，說說除了生理特徵外，男女生分別具有哪些社會特質？	二節	事先錄製街頭各式各樣人的背影之錄影帶。	歸納出生理及社會特徵在黑板上。
二、討論對反串表演的看法	1.欣賞歌仔戲與紅頂藝人等反串秀錄影帶。 2.學生反串不同性別角色進行短劇表演。 3.討論： a.你能接受女（男）生反串男（女）生的表演嗎？為什麼？ b.如果你是女（男）生，你願意扮成（女）男生做表演嗎？為什麼？		書面紙一張、彩色筆、長大色尺	統計學生意見，並請學生將所陳述之正反理由寫在書面紙上備用。
三、發表意見與討論	以引導問題鼓勵學生發表意見： 1.比較同學對男、女生反串表演的意見差異後，你覺得為什麼會有這樣的差異？			

	2.在你的日常生活經驗中，是否有哪些事對男、女生的要求是不一樣的？爲什麼會這樣？ 3.你覺得社會對男女生有不同的要求合理嗎？爲什麼？ 4.你覺得每個人都會喜歡自己的性別嗎？ 5.如果有人不喜歡自己的性別，你對這個人有什麼看法呢？			
四、統整歸納	教師歸納說明： 1.現今社會對男女生存有雙重標準。 2.社會上眞的有些人有性別認同的困擾。 3.我們應尊重有性別認同困擾的人。			

評量活動：
1.觀察法：
　（1）能專心觀賞影帶
　（2）能主動參與討論
　（3）能用心整理討論意見
2.口頭評量：
　（1）能深入思考問題，並有條理的表達自己的看法。
　（2）能具體舉例說明自己的生活經驗。

活動六　我的未來不是夢

活動流程	師生的活動	時間	教材/教學資源	注意事項
一、進行「小記者」學習活動	學生訪問家人下列內容： 1.家人從事的職業名稱。 2.職業的工作內容。 3.工作的地方。 4.擔任職務之職稱。 5.從事這個職業的原因。 6.父母希望自己將來長大從事什麼職業？為什麼？ 7.自己將來想要從事什麼職業？	三節	「小記者採訪」學習單每個學生一份	學生於課前在家中和家人共同完成。
二、進行「各行各業的人」學習活動	1.教師指導學生將所有同學完成的學習單加以統計，並製作成表格。表格內容依男女性別統計下列項目： (1)家人目前所從事的職業。 (2)父母希望自己未來從事的職業。 (3)自己將來想要從事的職業。 2.教師展示統計表，請學生觀察表格中男女職業的不同。		書面紙一大張、彩色筆、長尺	教師僅解釋表格中各項目代表的意義，不下評論、提示。

	3.教師提問,請學生分組討論,討問後分組派代表發表: (1)統計表中,男女生的職業有何不同?造成不同的原因可能是什麼? (2)如果表中男生的職業換成女生,女生的職業換成男生來做,可以嗎?相同的職業,有可能男女生都可以從事嗎?為什麼? 4.教師將學生討論結果及統計表之結果做歸納,使學生能了解職業選擇存在性別的刻板印象。		
三、進行「尋找尊敬的人」學習活動	1.請學生回想自己所讀過的課本、課外讀物所出現的真實人物中,找出自己覺得最值得尊敬的人五位。寫出他(她)們值得自己學習的地方。 2.找出這些值得尊敬的人的共同特質,如:殘而不廢、負責、機智、喜歡研究、聰明又認真、勇敢、不怕苦、都是男生、都是女生...。		提供並鼓勵學生找尋女性可尊敬者之資料。

	3.分組討論： (1)自己曾遇到什麼困難？是如何解決的？ (2)要想成爲令人尊敬的人，應該怎麼做？ 4.教師歸納統整： (1)只要肯努力，樂觀負責，不分男女，皆可成爲令人尊敬的人。 (2)了解教科書不是唯一的學習來源。		
四、進行「我的志願」學習活動	1.寫作「未來我想做的事」短文。 2.學生自由發表自己的作文内容，及自己所想從事的職業。 3.共同討論： (1)在活動一學習單中，父母希望你從事的職業，是不是和你在作文中所提到的是一樣的呢？ (2)如果自己想從事的職業和父母期待不同時，我會怎麼辦？如何選擇？ 10.教師補充： (1)從事非傳統職業的人物資料。 (2)未來選擇職業時，可能面臨的問題、衝突，及適當的處理方法。	從事非傳統職業的人物故事、報導	鼓勵想從事非傳統職業的學生發表其想法。

評量活動:
1.觀察法:
(1) 能主動參與討論。
(2) 能用心填寫學習單。
(3) 能主動發表並且當個好聽眾。
(4) 能用心比較觀察。
2.實做評量:
(1) 能進行調查,蒐集資料。
(2) 能製作統計圖表。
(3) 能具體歸納受人尊敬的特質。
3.紙筆評量:能具體寫下未來想做的事。

本單元課程設計方式分析

本單元課程的設計步驟

1. 決定課程設計模式
2. 預先收集兩性教育之相關資料
3. 建構課程概念架構圖
4. 確立單元目標
5. 對應能力指標
6. 發展教學與評量活動

教師如何進行協同設計與教學

1. 建立協同教學之共識—結合教學群中老師們的力量，彼此有共識，願意分工合作集思廣益，一起進行教學的設計與活動的進行。
2. 依據專長調配課程—依教學群老師們的專長配課，並進行課程的整體規劃。
3. 基於本課程的需要，最好安排不同性別的老師進行協同教學，更能讓學生深入了解男女間的差異。

本單元課程實施建議

1. 為使學生獲得更廣泛資料，活動二之「玩具身分證」、活動四「家事超人」的統計圖討論。建議採班群大班分享方式。
2. 活動二內的辯論活動亦採班群方式共同辦理，以增加學生觀摩互動。

對未來從事此模式設計的建議

掌握超學科的精神，以主題為核心，配合各學習領域能力指標為藍本，建構此一超學科模式的設計。

學習單一

 玩具身分證

（當你拿到玩具時會看到些什麼？請將所看到的寫下來）

編號	在 玩 具 上 所 發 現 的 東 西

學習單二

問卷調查表—『最喜歡的玩具』

1. 我是 □ 男生　　□ 女生

2. 我是 □ 一年級　　□ 二年級　　□ 三年級
　　　　□ 四年級　　□ 五年級　　□ 六年級

3. 我平常最愛玩的玩具是：＿＿＿＿＿＿＿

4. 我喜歡這個玩具的原因是 ＿＿＿＿＿＿＿

5. 我的玩具大部份是誰送的？＿＿＿＿＿＿

感謝您的回答！

學習單三

我心目中的男生或女生

（請將自己心中對男生或女生的看法寫下來）

1. 在我的印象中男（女）生的優（缺）點是什麼？

2. 我曾經以上述的缺點批評異性嗎？為什麼？

3. 「女士優先」合理嗎？為什麼？

4. 「男兒有淚不輕彈」合理嗎？為什麼？

學習單四

家事超人

（請依序將家中的成員畫出，並列出他們所做的家事名稱）

稱　謂	家　人　畫　像	平　常　做　的　家　事　清　單

學習單五

我的想法

（請將自己真實的心聲寫下來）

(1) 家中的家事分配狀況你滿意嗎？為什麼？

(2) 為什麼大多數家庭中都是媽媽最忙？

(3) 有人說「爸爸要上班，所以不要做家事」，你覺得如何？

(4) 你對「媽媽要上班，還要做家事」的感覺如何？

(5) 你覺得男（女）生應該做家事嗎？

(6) 男生和女生所做的家事都可以一樣嗎？為什麼？

學習單六

小記者採訪

1.家人從事的職業名稱是什麼？

2.他們的工作內容是什麼？

3.工作的地方在哪裡？

4.擔任職務之職稱是什麼？

5.為什麼從事這個職業的原因？

6.父母希望我將來長大從事什麼職業？為什麼？

7.我將來想要從事什麼職業？

參考書目

教育部（民88）。國小兩性平等教育整合實驗計畫成果彙編。台北：教育部。

教育部（民89）。國民中小學九年一貫課程暫行綱要。台北：教育部。

張湘君、葛琦霞（民89）。童書創意教學—生命教育一起來。台北：三之三文化公司。

楊清芬譯，夏洛特·佐羅托著（民87）。威廉的洋娃娃。台北：遠流出版公司。

Chapter 3
故事中心課程
—說故事模式

設計過程說明

說故事的課程

1. 教師或師生共同選擇一個故事，共同討論故事的詳細內容。以教師認為富含意義，或針對學生生活經驗與問題的故事為取材的考量。事實上，故事本身的主題，即是這個課程的主題。整個課程內容即是以故事為背景而發展的。繪本、童書、教科書裡的故事都可以是取材來源。

2. 教師與學生敘述自己與故事有關的生活經驗或個人故事。讓學生在知道這個主要故事之後，提出一些自己的經驗或所知道的事件，以便加強學生對故事主題的個人聯結。

3. 讓學生提出對故事內容的質疑或相關問題，教師亦可提出值得探究的問題。然後，教師可以形成如下的課程架構（以「我很特別」為例）。

問題探究	學習重點	活動設計
1.木匠伊萊和微美克人是什麼的關係？	1-1了解人類生命的起源。 1-2覺察自己與父母的關係。 1-3知道增進親子和諧的方式。	＊寶寶，我是怎麼來？ ＊我和我的父母。
2.微美克人之間是如何互動的？（每天對別人做些什麼？）	2.認識自己的優缺點。	＊如果我是微美克人。
3.他們是用哪些標準來評價人？	3.覺察別人對自己的看法。	
4.在別人的眼中，胖哥為什麼不是個好木頭人？他對自己的看法又如何？	4-1分析自己和別人眼中的我。 4-2在生活中善用個人的優點、長才。 4-3敏覺別人正向的特質。	＊我和別人眼中的我。 ＊誰是我的小天使？

4. 依課程架構擬定單元目標，並對應相關領域之能力指標。

5. 師生共同探究所提出的問題，並讓學生提出自己的觀點。

6. 依據自己的觀點與期望，共同建構新故事。說故事課程的最後一個活動多是讓學生將原來的故事，依據自己在這個課程中所形成的價值觀與概念，改編成一個新的故事。如此，學生可以表達自己的觀念以及對社會、他人的期望。

單元一
我很特別

設計者：鄔時雯

教學年級：五年級

單元總節數：9節（不含後續）

設計理念說明

　　孩子在很小的時候，從周遭的人對他的評價中，開始建構「我是誰」的概念。他們被人比來比去，自己也不自覺地跟人比。在比較中，幸運的人將累積的評價整理、修正，對自己尚不致有太偏頗的認知。不幸地，有些人始終活在別人的評價中，老怕自己不夠好。產生了混亂和模糊的自我概念。

　　Piaget認為：小學階段必須協助兒童去澄清個人對自己的觀念和情感，使個人於進入青春時期能順利發展主觀化的自我觀念。Glasser亦認為兒童五歲至十歲的五年間為形成失敗認同或成功認同的最具關鍵性時期。且失敗認同之矯正，以國小實施最具效用和長遠性意義。故此，在小學教育中，積極發展學生的自我概念，是重要的任務之一。

　　就像故事中的微美克人，有的被貼上金星貼紙，自恃太高；有的被貼上灰點貼紙，認為自己一無是處。無論自恃或自卑，都不是健康的自我概念。幸而，胖哥找到了創造他的伊萊，了解了自己的尊貴和獨特……

　　然而，在我們的世界中，父母一方面扮演著「愛」的角色，一方面常又成為孩子的壓力源，不自覺地讓孩子陷於比較的困擾中。

　　本單元即是希望透過孩子愛聽故事的特性，讓孩子藉由故事發人省思的魔力，引領孩子深層探究，並透過活動進入孩子的經驗世界，及與人的互動中，學習體驗認識自己、擁有自己，進而看重自己…同時，也適度的引領孩子探討生命的起源、親子的關係，且傳遞父母疼愛孩子的不同表達方式。

　　本單元所設計的活動，除考量兒童個人與社會發展的重要性，亦強調實踐的行動力。因此，活動中透過深究討論、引導思考、體驗分享等歷程，期使喚醒孩子們更多心靈內在的感覺和省思，進而以行動方式融入在孩子的生活世界裡，進行評量；同時，亦經由覺察強化認知與行動的聯結。其中，還有一些有趣的活動和行動，像：懸掛「星星卡」、「誰是我的小天使」、「傳話活動」和「信心喊話」等，最容易引發孩子的興趣；更重要的是：從這些活動中他們找到自己在團體裡的位子，而且他們一再經歷自我肯定與被接納，於是，一次有意義的自我概念教育就此展開....

課程架構

學習階段：第三階段

涵蓋領域：語文、社會、健康、綜合等領域；人權、生涯、家政議題

概念架構

主題：我很特別

問題探究	學習重點	活動設計
1.木匠伊萊和微美克人是什麼的關係？	1-1了解人類生命的起源。 1-2覺察自己與父母的關係。 1-3知道增進親子和諧的方式。	＊寶寶，我是怎麼來？ ＊我和我的父母。
2.微美克人之間是如何互動的？（每天對別人做些什麼？）	2.認識自己的長短優缺。	＊如果我是微美克人。
3.他們是用哪些標準來評價人？	3.覺察別人對自己的看法。	
4.在別人的眼中，胖哥為什麼不是個好木頭人？他對自己的看法又如何？	4-1分析自己和別人眼中的我。 4-2在生活中發揮善用個人的優點、長才。 4-3敏覺別人正向的特質。	＊我和別人眼中的我。 ＊誰是我的小天使。 ＊點燈的人。
5.為什麼露西亞的身上貼不住任何貼紙？ 6.在伊萊的眼中，胖哥是個什麼樣的木頭人？	5、6體會重要他人對自己的意義及影響。	
7.最後，從胖哥身上掉下了一個灰點貼紙，他是如何做到的？	7.體認每個人各具特點，學習尊重別人、看重自己。	＊朗讀—尊重自己。 ＊傳話—我很特別。 ＊信心喊話。
8.以後的胖哥如何看代微美克人的看法。改寫微美克人的和諧關係。	8-1看重自己或看輕自我。 8-2打造和諧的生存環境。	＊分組創作。

課程目標

單 元 目 標	能 力 指 標
1.深入了解故事的內涵意義。	【語文】E1-3-5在閱讀過程中，能領會作者的想法，進而體會尊重別人的重要性。 【語文】E2-5-9能用心精讀，記取細節，深究內容，開展思路。
2.了解人類生命的起源。 3.覺察自己與父母的關係。 4.知道增進親子和諧的方式。	【綜合】1-4-1體會生命的起源與發展過程並分享個人的經驗與感受。 【家政】4-3-3運用溝通技巧與家人分享彼此的想法與感受。 【社會】6-2-2實踐個人對其所屬之群體（如家庭、同儕團體和學校班規）所擁有之權利和所負之責任。
5.認識自己的長短優缺。 6.欣賞別人正向的特質。 7.在生活中發揮並善用個人的優點、長才。	【綜合】1-3-1欣賞並接納他人。
8.體會重要他人對自己的意義及影響。	【語文】E2-4-7能閱讀材料，與實際生活情境相結合。
9.體認每個人各具特點，學習尊重別人看重自己。	【語文】E1-3-5在閱讀過程中，能領會作者的想法，進而體會尊重別人的重要性。 【生涯】1-2-1認識有關自我的觀念。 【健康】6-2-1分析自我與他人的差異，從中學會關心自己，尊重他人與異性，並建立個人價值觀。
10.能清楚的說出《你很特別》這本書的內容。	【語文】C2-2-2能針對問題，提出自己的意見或想法。
11.能與人共同編寫故事情節。	【人權】1-1-4說出自己對一個美好世界的看法。

教學活動

教學活動要點說明

教學活動名稱	教學要點	對應目標
活動一： 深度閱讀	1.老師帶領學生深究主題書—《你很特別》的情節，並拋出關鍵問題，讓學生能夠在故事的脈絡中心領神會。 2.同時，提出故事內發人省思的想法或對話。	【語文】C1-3-5 【語文】E2-5-9
活動二： 我和我的父母	1.從木匠伊萊創造了微美克人的關係中，引導孩子關心人類生命的起源。 2.從發表中感知自己和父母的關係。 3.鼓勵透過行動增進親子間的情誼	【綜合】1-4-1 【家政】4-3-3 【社會】6-2-2
活動三： 我和別人眼中的我	1.引導孩子覺察「別人眼中的我」和「自己眼中的我」的差異。 2.引導孩子如何欣賞別人正面的特質，也學習接受別人的讚美。 3.透過行動善用自己的優點來幫助別人。	【綜合】1-3-1
活動四： 點燈的人	1.引導孩子思考生命中，一些重要他人對自己正面的影響。（例：劉俠、紀政的小故事） 2.如果孩子不易說出，老師可以示範。	【語文】E2-4-7

活動五： 看重自己	1.引導孩子建立正確的自我概念：尊重別人，也看重自己。 2.透過「分組傳話」的遊戲規則，勇於說出自己的特點。 3.透過「信心喊話」的行動力，彼此強化個人的價值感，拉近同儕間的凝聚力。	【語文】E1-3-5 【生涯】1-2-1 【健康】6-2-1
活動六： 分組創作—編寫胖哥的腳本	1.各組自行決定改寫的主題，形塑美好的世界。 2.老師從結果了解孩子的思考脈絡，甚或進行相關領域的評鑑。	【語文】C2-2-2 【人權】1-1-4
延伸活動： 愛在心裡口難開	1.引領孩子明白父母表達愛的方式各不相同。 2.視實際狀況決定是否進行。	

教學活動內容

活動一　深度閱讀

活動流程	師生的活動	時間	教材/教學資源	注意事項
一、閱讀：主題書《你很特別》	＊共讀或自行閱讀（人手一冊）。	一節	《你很特別》一書	＊少數學校設有「語文教室」，每本書有多冊。
二、深究討論	＊深究問題 ・木匠伊萊和微美克人是什麼關係？ ・微美克人之間是如何互動的？（每天對別人做些什麼？） ・他們是用哪些標準來評價人？ ・在別人的眼中，胖哥為什麼不是個好木頭人？ ・他對自己的看法又如何？ ・為什麼露西亞的身上貼不住任何貼紙？ ・在伊萊的眼中，胖哥是個什麼樣的木頭人？ ・最後，從胖哥身上掉下了一個灰點貼紙，他是如何做到的？			＊有獎搶答活動。
評量方式：從搶答活動中評量。				

活動二　我和我的父母

活動流程	師生的活動	時間	教材/教學資源	注意事項
一、思考	老師提出「微美克人和伊萊的關係，就像小孩和父母的關係」，讓學生思考其間關聯的相似性。	一節	*參考閱讀：寶寶—我是怎麼來的？	繼前述問題「木匠伊萊和微美克人是什麼關係？」探討生命的起源。
二、分享和腦力激盪	老師引導學生發表 ・談一談我和父母的關係。 ・腦力激盪＜或六六討論法＞如何促進親子間的和諧？			*尊重孩子的感受。 *如有特殊的現象，事後當做個別輔導。
三、行動	全班討論出一個可行的方式回家實踐。			*實施一週後檢討。

評量方式：
(1) 從學生表達和互動中評量。
(2) 從行動實踐中自評與父母評量【一週後】。

活動三　我和別人眼中的我

活動流程	師生的活動	時間	教材/教學資源	注意事項
一、思考活動：如果我是微美克人「自己眼中的我」	引導思考如果自己住在微美克村，自己分別在哪些方面可能會被貼上星星貼紙和灰點貼紙？		學習單【1】	＊直接寫在學習單上。
二、體驗活動：「別人眼中的我」、「自己眼中的我」的差異	·給每位小朋友一張「星星卡」，寫上自己的名字，請他找不同的同學（或老師）為他在星星卡上寫下他的優點、能力或成就等。 ·讓孩子比較自己的二張星星卡：看看自己眼中的我和別人眼中的我有何差別？ ·發表個人的新發現（觀點）。 ·之後，將別人予以肯定的「星星卡」懸掛起來。 ·在生活中，我會怎麼樣善用自己的優點、能力？	二節	星星卡 學習單的【1】和被讚美的「星星卡」	＊老師可視狀況要求尋找的對象。如：包含男女朋友、好友或任意傳遞。 ＊教導孩子如何接受別人的讚美。 ＊教導孩子如何欣賞別人。 ＊本活動旨在引導體會：「別人眼中的我」和「自己眼中的我」的差異。

三、行動：「誰是我的小天使」	進行「誰是我的小天使」活動 老師說明： ＊每個人都是天使，鼓勵每位小朋友暗中幫助一個人，但不可以讓對方知道自己的身份，直到對方覺知是誰為止。			＊進行一週時間。 ＊為了讓每個孩子背後都有一位小天使，老師可以視狀況加入或做技巧性的安排。
評量方式： (1) 從「學習單」和體驗活動的參與度來評量。 (2) 從「誰是我的小天使」彼此互動中評量【一週後】。				

活動四　點燈的人

活動流程	師生的活動	時間	教材/教學資源	注意事項
一、引導	＊引導思考 露西亞因為看重伊萊的想法（創造她的人）重於其他微美克人的想法，因此知道自己是珍貴的。	20分		＊引導孩子思考生命中一些重要的人；如果孩子不易說出，老師可示範。
二、分享生活經驗	在生活中，是什麼人的關愛或言語，曾經深深地改變或影響你？在他們的眼中，你是什麼？說說看你的經驗感受。		＊參考康軒國語第八冊「點燈的人」單元。	
評量方式：從發表中評量。				

活動五　看重自己

活動流程	師生的活動	時間	教材/教學資源	注意事項
一、朗讀	學生輪讀。		【附件】「尊重自我」一詩	
二、體會	「……我擁有我自己，我也能掌管自己。我就是自己。而且我很好。」說說看個人的體會。	20分		
三、分組傳話：「我是特別的」	針對「我認為自己最特別的地方是什麼？」為傳話主題。 進行方式： ・分組進行。 ・A向大家報告A自己的；B向大家報告A和B的；C向大家報告A、B、C的…… ・各組的最後一位向全體報告整組所有人的特點。	一節	學習單【2】	(先寫在學習單上，再依進行「規則」發表)。
四、進一步思考	思考內容：如果我可以再多做一些什麼樣的努力，我想，我會更喜歡我自己？		學習單【3】	(寫在學習單上，視需要發表)。
五、統整：「這就是我」	1.老師協助學生統整信念：無論如何，"我就是我，而且我可以很好…"。 2.畫出我所認識的我。	一節	如【範例】A4白報紙	

六、行動：「信心喊話」	·請小朋友對著鄰座，大聲地說：You are special。 ·再依老師的動令分別向不同的對象大聲說出來。 ·最後，每個人用力地對自己說：I am special。			＊設起氣氛，老師帶法喊話。

評量方式：
(1) 從活動參與中評量。
(2) 從學習單中評量。

活動六　分組創作：編寫胖哥的腳本

活動流程	師生的活動	時間	教材/教學資源	注意事項
一、決定主題	1.《你很特別》一書的啟示和新觀點。 2.老師提出二個方向，讓學生決定創作主題。 ·接下來，幫胖哥寫續集。 ·改寫微美克村的和諧關係...	二節	學習單【4】	
二、分組創作	各組依決定之主題改寫新故事。			＊鼓勵每位學生皆能合作參與。

評量方式：
(1) 從新觀點中評量。
(2) 從合作學習中評量。
(3) 從劇本創作的內涵評量。

◎延伸活動　愛在心裡口難開

活動流程	師生的活動	時間	教材/教學資源	注意事項
一、閱讀	共讀或自行閱讀。	二節	《爸爸，你愛我嗎？》一書	＊視需要進行本活動。
二、提問	1.書中的爸爸是用什麼方式表達對小男孩的愛？ 2.為什麼他不直接說出來？			
三、分享	我的父母都是怎樣表達他們對我的愛？			

評量方式：從發表、分享中評量。

	活動流程	注意事項／教學（材）資源
教學活動內容	【活動一】深度閱讀 1.閱讀：主題書《你很特別》 2.深究討論： ・木匠伊萊和微美克人是什麼關係？ ・微美克人之間是如何互動的？(每天對別人做些什麼？) ・他們是用哪些標準來評價別人？ ・在別人的眼中，胖哥為什麼不是個好木頭人？他對自己的看法又如何？ ・為什麼露西亞的身上貼不住任何貼紙？ ・在伊萊的眼中，胖哥是個什麼樣的木頭人？ ・最後，從胖哥身上掉下了一個灰點貼紙，他是如何做到的？	＊有獎搶答活動。

【活動二】我和我的父母 1.思考:「微美克人和伊萊的關係,就像小孩和父母的關係」。 2.發表: ・談一談我和父母的關係。 ・腦力激盪<或六六討論法>如何促進親子間的和諧? 3.行動:全班討論出一個可行的方式回家實踐。	*參考閱讀:寶寶 ——我是怎麼來的? *因前述問題「木匠伊萊和微美克人是什麼關係?」探討生命的起源。
【活動三】我和別人眼中的我 1.思考活動:如果我是微美克人 引導思考如果自己住在微美克村,自己分別在哪些方面可能會被貼上星星貼紙和灰點貼紙? (直接寫在學習單【1】上) 2.體驗活動: ・給每位小朋友一張「星星卡」,寫上自己的名字,請他找不同的同學(或老師)為他在星星卡上寫下他的優點、能力或成就等。 ・讓孩子比較自己的二張星星卡:看看自己眼中的我和別人眼中的我有何差別? ・發表個人的新發現(觀點)。 ・之後,將別人予以肯定的「星星卡」懸掛起來。 ・在生活中,我會怎麼樣善用自己的優點、能力? 3.行動:進行「誰是我的小天使」活動。	・尊重孩子的感受。 *如有特殊的現象,事後當做個別輔導。 *從問題「微美克人之間用哪些標準來評價別人?」檢視察覺別人眼中的我與自己眼中的我有何差異? *老師可視狀況要求尋找的對象。如:包含男女生、好朋友或任意傳遞... *教導孩子如何接受別人的讚美。 *教導孩子如何欣賞別人。 *本活動旨在引導體會:「別人眼中的我」和「自己眼中的我」的差異(班級氣氛佳者,尚可進行灰點點的差異比較)。

【活動四】點燈的人 1.引導： 　露西亞因爲看重創造她的伊萊的想法 　重於其他微美克人的想法，因此知道 　自己是珍貴的。 2.在生活中，是什麼人的關愛或言 　語，曾經深深地改變或影響你？在 　他們的眼中，你是什麼？說說看你 　的經驗感受。	【評量】一週時間 ＊每個人都是天 　使，暗中幫助一 　個人，但不可以 　讓他知道。 ＊每個人學習覺察別 　人的幫助。
【活動五】看重自己 1.朗讀：不一樣的詩—尊重自我 　「‥‥我擁有我自己，我也能掌管 　自己。我就是自己。而且我很好。」 　說說看個人的體會。 2.分組傳話：「我最特別的是…」 　（先寫下來：學習單【2】，再依「規 　則」發表） 　我認爲自己最特別的地方是什麼？ 3.如果我可以再多做一些什麼樣的努 　力，我想，我會更喜歡我自己？ 　（寫在學習單【3】上，視需要發表） 4.統整： 　（1）信念：無論如何，"我就是 　　　　我，而且我可以很好…" 　（2）自畫像：「這就是我」 5.行動：「信心喊話」 ・請小朋友對著鄰座，大聲地說：You 　are special，再依老師的動令分別 　向不同的對象大聲說出來。 ・最後，每個人用力地對自己說：I 　am special。	＊引導孩子思考生 　命中一些重要的 　他人；如果孩子 　不易說出，老師 　可以示範。 ＊參考康軒國語8 　冊。 ＊如【附件】。 ＊引導孩子肯定自 　我價值。 ＊規則： 　・分組進行 　・A向大家報告A自 　　己的；B向大家 　　報告A和B的；C 　　向大家報告A、 　　B、C的…… 　・各組的最後一位 　　向全體報告整組 　　所有人的特點。
【活動六】分組創作：編寫胖哥的腳本 1.《你很特別》一書的啓示和新觀點 　（學習單【4】）。 2.分組創作改寫 ・接下來，幫胖哥寫續集。 ・改寫微美克村的和諧關係…	＊參考【範例】。
【延伸活動】愛在心裡口難開 1.閱讀：《爸爸，你愛我嗎？》 2.提問：書中的爸爸是用什麼方式表 　達對小男孩的愛？爲什麼他不直接 　說出來？ 3.發表：我的父母都是怎樣表達他們 　對我的愛？	＊各組自行決定主 　題。

我 很 特 別

姓名＿＿＿＿＿＿

親愛的小朋友：

這個世界告訴人們：如果你聰明、可愛、有才能．．．．
你就很特別！但是，神卻告訴我們：你很特別，因為你就
是很特別，不需要任何條件。

在祂眼中，你是寶貝．．．．．

◎閱讀一本很特別的書

書的身份證

書名／你很特別
作者／MAX LUCADO
繪圖／SERGIO MARTINEZ
譯／丘慧文　郭恩惠
出版／道聲

【1】如果我是微美克人

如果我也住在微美克村，我有哪些表現，可以被人貼
上金星貼紙？

同時，我也可能因為有哪些表現，被人貼上灰點點？

【2】木匠伊萊對木頭人胖哥說的話，讓你得到什麼啟示或產生什麼新的想法？

◎閱讀一首不一樣的詩

（取材於Virginia Satir的「尊重自我」）

　　"每個人都是獨一無二的自己，那是出於我的選擇。我就是我，而且我可以很好....."

【1】你認為自己最特別的地方是什麼？

【2】如 果 我 可 以 再 多 做 一 些 什 麼 樣 的 努 力 ，
　　 我想，我會更喜歡我自己？

附件

尊　重　自　我

Virginia Satir 博士

我就是我。

以天下之大，卻無任何人像我一樣，

有一些人某些部分像我，

但沒有一個人像我一樣。

所以，一切出自於我的都真真實實屬於我，

因為那是我個人的選擇。

我擁有一些屬於我的。

我的身體，以及一切它的舉動：

我的思想，以及所有的想法和意念：

我的眼睛，以及一切所看到的影像：

我的感覺不論是什麼，

憤怒、喜樂、挫折、愛、失望、興奮：

我的口，和一切從口中所出的話語，

溫文有禮的，甜蜜的或粗魯的，

對的或不對的：

我的聲音，喧嚷的或輕柔的：

還有我所有的行為，

不管是對別人或對自己的。

我擁有我的幻想，我的夢想，

我的希望，我的恐懼。

我擁有我所有的勝利和成功，

我所有的失敗和錯誤。

因為我擁有我自己的一切，

我可以和自己成為親密熟悉的朋友。

這樣我可以愛自己，

並且能夠和我的每一部分友善相處。
那麼，我就可以使我的全人類順利運作，
帶給自己最大的福祉。

我知道我自己有一些地方讓我困惑，
也有別的部份是我不明白的。
不過，只要我對自己友善且親愛，
我就能勇敢地、滿懷希望地尋找困惑地解答。
並且尋求方法以期更了解自己。
不論我在某一個特定的時刻
看起來、聽起來如何，
不論我說什麼、做什麼或想什麼、感受什麼，
這都是我。
這是真實的而且代表了那個時刻我的情況。

稍後當我回想起當時自己
看起來、聽起來的樣子，
自己所說過的話和做過的事，
還有自己的想法和感覺，
有些部分也許顯得不合時宜。
我可以摒棄那些不合宜的，
而保留那些經過證明後合宜的。
並且創造一些新的，
以替代那些被我摒棄的。

我可以看、聽、感覺、思想、說話，和做事。
我有足以生活下去、與別人親近和創造的工具，
並且能夠使我周圍的人事物，
呈現出意義和秩序。
我擁有我自己，

所以我也能掌管自己。
我就是自己。而且我很好。

 本單元課程設計方式

如何協同設計

　　透過思考、討論、質疑、協商、腦力激盪等方式，建構整體脈絡及概念架構，並相互對應能力指標，形成單元教學目標，進而依據各個問題概念，提出合適的活動設計，加以修正調整，並思考如何轉化為行動的實踐與評量方式。因為此統整模式為初次嘗試，又為兼顧故事的整體性與延伸性，如何協調組織成員間的觀點於統整的脈絡上，是最大的挑戰！

設計步驟

先決定統整的方式—說故事的課程設計
　　1. 從孩子愛聽（看）故事的特質著眼：貼近孩子想像與現實和諧的體驗感受，有象徵、寓意的哲理，更有豐富生命的情意與感動......
　　2. 故事容易取得，舉凡影片、繪本，隨處可得。

一邊思索故事主題（方向）——邊尋求合適的文本
　　1. 合乎孩子的需求或發展任務。
　　2. 適合說故事的統整模式。
　　3. 決定故事文本—繪本：你很特別

形成概念網
　　1. 詳閱故事情節。
　　2. 形成中心概念。
　　3. 在故事脈絡中尋找關鍵問題（概念）及有意義的對話。

4.依循問題思考脈絡，排列問題的呈現次序。

5.從問題中，決定教學重點。

對應能力指標與教學目標

1.經由前述問題及教學重點，對應、延伸能力指標。

2.參考問題和教學重點，從能力指標中訂定單元教學目標。

設計教學活動

1.從不同的問題（和對話）面向，設計教學活動。

2.考量實施的多元性、有趣性和可行性，兼及認知、體驗與行動的結合。

討論、修正、定案

1.依能力指標及教學目標調整活動內涵。

2.依學生的發展需求，調整活動的寬廣度。

3.視需要，調整教學活動流程。

4.定案。

如何實施

1.教師當掌握故事的本質和媚力，引導孩子深入淺出，體驗感受。

2.理解問題脈絡，依據活動流程、注意事項實施。

3.敏察特殊兒童的需求與後續的個別輔導。

4.事的分組創作，朝二個層面進行，是為了發展孩子多元的思考面向。

5.學生行動實踐後，當檢討、評鑑。

6.本單元課程設計貴在於協助學生建設積極的自我概念，並不強調評量的重要。

7.無論如何，課程如何轉換，除了掌握活動精神，熟悉教學策略外，教師的信念更是成敗關鍵。

如何協同教學

1. 本課程設計係採說故事模式（Narrative Curriculum）進行，以自我概念為中心。就活動內涵來看，即便由一位教師（最好是級任教師）來實施教學，亦未嘗不可；且在時間的考量上及課程整體的運作上更有彈性和成效。

2. 如採協同教學，以教師專長、興趣或意願為原則。其中又以【活動一】、【活動六】和【延伸活動】較適合班群協同教學，其餘活動，採班級內實施為宜。

說故事的課程設計之建議

1. 在因應未來課程統整的需要，說故事的課程設計，是相當可行的一種模式。因為：文本隨手可得；課程設計、實施可「自立更生」；方便進行重要議題或相關問題之解決（視需要）；透過說故事的導引及其潛移默化的價值，易引起孩子的學習動機

2. 故事中的問題，因在脈絡中建構；同樣的，站在「統整」的觀點，活動的設計，當有其適切的關聯性。

3. 說故事者，宜兼顧故事中的哲理與感動。

4. 文本內的重要問題形塑了教學重點，其能力指標易跨相當大的階段落差，宜於文本決定前，先確定教學的年級。

5. 依文獻來看，自我概念的主題，是小學教育階段一項重要的任務，有其實施的意義和重要性。對於教師而言，孩子愈有正向的自我認同，在班級經營與教學成效上著力愈輕省。

6. 活動設計上如能同時考量認知、情意、實踐的有效性，教學活動的價值最高。

7.未來九年一貫課程運作下，本模式之課程設計可放
　在綜合活動或彈性時間中來實施。

自畫像：「這就是我」

單元二
埃及王子

設計者：姜鵬珠　陳素紅
　　　　陳昌維
教學年級：六年級
單元總節數：11節

設計理念說明

　　以往在中低年級學生已擁有說故事的經驗，也非常喜歡在故事中學習，故事中生動有趣的對白，能引發學生的興趣，使教學更具意義化。因此，本課程內容試著以「說故事」方式進行統整的課程設計。

　　本單元主題介紹一位從埃及王宮長大的「王子」成了另一個民族的領導人。從這則故事中可以讓兒童藉由一個古老的歷史背景，了解人類社會中久遠的奴隸制度、人類對於自由與平等的追求，並藉此認識埃及金字塔的文化與相關內涵，也同時認識埃及與以色列的歷史關係。對學生而言，這是一個培養跨文化理解的好素材。

 課程架構

學習階段：第三階段

涵蓋領域：社會、自然與科技、數學、語文、人權議題

概念架構

探討問題 ➡ 學習重點

1. 爲什麼以色列人會成爲埃及人的奴隸？
2. 摩西爲什麼要帶領以色列人出埃及？
3. 法老王爲何要花如此多的人力建造金字塔？
4. 金字塔如何建造？
5. 紅海可以分開嗎？

1. 探討奴隸制度中的人權問題。
2. 了解埃及人與以色列人當時的關係與生活狀況。
3. 了解當時埃及人建造金字塔的意義及文化背景。
4. 了解金字塔的構造方式。
5. 透過實驗不同的風向影響水分開的方式。

課程目標

單元目標	能力指標
1. 認識埃及與以色列的關係。	【社會】1-3-1了解不同生活環境差異之處並能尊重及欣賞其間的不同特色。 【綜合活動】3-3-4認識不同的文化，並分享自己對文化的體驗。
2. 了解族群間不平等的問題。	【人權】1-3-3了解平等、正義的原則，並能在生活中實踐。 【社會】2-3-1了解人身自由權並具有自我保護的知能。
3. 認識金字塔的歷史價值以及在埃及的文化意義。 4. 了解金字塔建造的過程。	【自然】6-3-3-2體會在執行的環節中，有許多關鍵因素需要考量。 【數學】S-2-3能透過實測察覺形體的性質。 【社會】8-3-2探討人類的價值信仰和態度如何影響科學技術的發展方向。
5. 了解風和水之間的關係。	【自然】2-3-4-4知道生活環境中的大氣，大地與水，及其間的交互作用。
6. 能依所了解的概念與自己的價值觀來改編故事。	【國語文】2-1-1-1再討論問題或交換意見時，能清楚說自己的意思。 F-2-10能欣賞自己的作品，並發揮想像，嘗試創作。

教學活動

教學活動要點說明

教學活動名稱	教學要點	對應目標
活動一： 埃及王子	1.觀看「埃及王子」的影帶。 2.討論問題：以色列人在埃及。 3.資料搜尋指導。 4.分組討論。 5.資料統整。 6.成果報告。	1.認識埃及與以色列的關係。
活動二： 人的平等	1.學生分組討論。 2.學生上台報告。 3.老師綜合歸納。	2.了解族群間不平等的問題。
活動三： 金字塔	1.資料搜尋。 2.製作金字塔的模型。	3.認識金字塔的歷史價值以及在埃及的文化意義。 4.了解金字塔建造的過程。
活動四： 過紅海	1.觀賞錄影帶。 2.作實驗。 3.歸納分析。	5.了解風和水之間的關係。
活動五： 新埃及王子	1.老師引導學生以「平等、尊重、愛、關懷」等正向的人權概念建構新的故事。 2.分組建構「埃及王子」的新故事。 3.根據新的故事作角色扮演。	6.能依所了解的概念與自己的價值觀來改編故事。

教學活動內容

活動一

活動流程	師生的活動	時間	教材/教學資源	注意事項
一、觀賞「埃及王子」的錄影帶	學生一同觀賞「埃及王子」錄影帶。老師提問：	100分	「埃及王子」的錄影帶	四十分鐘下課休息。
二、討論故事內容	1.摩西的身世為何？ 2.以色列人在埃及受到什麼待遇？他們感覺如何？ 3.以色列人和埃及人所信的宗教相同嗎？從那裡可以看出來？ 4.摩西為何要帶領以色列人離開埃及？	20分		
三、資料搜尋指導	老師交代分組討論以下議題，學生討論分工，回家蒐集資料。		圖書館相關網站	異質分組。合作學習。
四、分組討論	學生分成四組討論的議題如下，教師並與學生共同討論如何蒐集相關資料： 1.以色列人為什麼會在埃及做苦工？ 2.金字塔的意義。 3.埃及的法老王。 4.紅海位置與神蹟傳說。	20分		
五、資料統整報告	各組統整收集的資料，並討論後，設計製作成果發表資料（如海報、投影片）。 1.學生四組報告（每組五分鐘）。	40分	投影機單槍投影電腦壁報紙彩色筆	

	2.老師綜合歸納以色列人出埃及的背景與摩西的角色。			

活動二

活動流程	師生的活動	時間	教材/教學資源	注意事項
一、學生分組討論	1.埃及人重視以色列的生存權嗎？ 2.以色列人在埃及自由嗎？ 3.為什麼人類會有奴隸制度的存在？誰是受害者？ 4.在你的生活中，有沒有人的處境像是奴隸一樣的？ 5.人與人應如何互相對待？	40分	圖書雜誌	異質分組。 主動參與討論。 相互尊重之不同意見。 注意聆聽。
二、學生上台報告	各組將討論結果上台報告。	20分		
三、老師綜合歸納	1.老師根據學生討論內容，再舉例說明人權的概念： （1）自由權。 （2）平等權。 （3）生存權。 （4）遷徙權。 2.引導學生批判思考人權問題。 *人權的概念如何落實於生活中？我可以怎麼做？	20分		
評量方式：由學生發表中觀察其對於人權的了解。				

活動三

活動流程	師生的活動	時間	教材/教學資源	注意事項
一、金字塔的意義	依據活動一的分組報告資料教師綜合說明金字塔的歷史價值以及在埃及的文化意義。	10分		
二、製作金字塔的模型	1.分組討論金字塔的模型設計。 2.發給每組一立方公分的白色積木一箱(約兩百個)堆疊金字塔。 3.分享模型堆疊的心得。	20分	積木或一立方公分小方塊積木 環華百科全書第11冊 P499-502 文明的故事 P20-21 投影片	以實心的三角錐體結構,讓學生體會金字塔工程的難度。
三、歸納	教師說明金字塔當初建造的可能方式。	10分		

活動四

活動流程	師生的活動	時間	教材/教學資源	注意事項
一、觀賞錄影帶	重播影片中摩西帶領以色列人過紅海的片段。 教師引導思考：要讓整個大海分開雖然很不可思議，但是如果是淺而少的水有無何種力量可以讓水分開？	10分	錄影帶	
二、做實驗	1.分組做實驗：利用長的長方形餅乾盒裝水，由兩位同學各持一支吹風機於餅乾的上方，向下逐漸靠近，靠近之後逐漸做「八」字形分開吹。 2.觀察以不同的風速吹拂水變化的情形。	20分	1.大的長形餅乾空盒 2.數個吹風機 3.延長線	
三、歸納分析	讓學生思考是否有那麼大的風能把紅海的水分開。	10分		
評量方式：實驗。				

活動五

活動流程	師生的活動	時間	教材/教學資源	注意事項
一、複習	教師複習相關的概念。	10分		分組以四組左右即可，以免演出時間不夠。
二、故事改編	分組討論新的故事內容： 1.教師可以提示學生由前幾個活動的主要概念來思考改編的重點；例如金字塔、法老王的態度、人權、紅海能否分開等。 2.建議學生以「假如情況變成...就可能會...」，來進行思考。	30分		
三、角色扮演	1.角色分配。 2.角色扮演。	30分		演出的目的只是代替文字，將改編後的故事呈現出來，學生可以選擇任何一段做改編，演出時也不必特別準備道具。
四、討論與分享	師生共同討論各組所改編的故事哪一個最令人覺得有意義。	10分		
評量方式：由改編故事中觀察學生對單元學重點的理解程度及其價值觀。				

本單元課程設計方式

設計步驟

選擇故事

　　由三位協同教學教師共同討論，選出一脈絡化，意義化，較強的「埃及王子」影片。

師生共織概念架構

　　學生看完故事後，問學生有何看法和啓示，搜集問題，再增列老師的概念和問題，形成探討問題，擬定學習重點。

形成單元目標，對應能力指標。

設計教學活動：由教學群協同設計、協同教學

　　1.三位老師腦力激盪，根據單元目標對應能力指標，根據兒童興趣設計活動主題。

　　2.三班一同欣賞「埃及王子」的影片，並探討重點問題。

　　3.回到各班由相關教老師協同教學。

建議實施方式

　　1.活動一：採三班利用學校的視聽教室觀賞「埃及王子」影片（三節），其餘三節回各班進行教學。

　　2.活動二：金字塔（分站學習，二節）。

　　3.活動三：過紅海（分站學習，一節），另加一節上網站蒐集「紅海」的資訊。

　　4.活動四：新埃及王子（分站學習，二節）。

Chapter 4
故事中心課程
──故事模式

設計過程說明

　　故事模式的發展是先找尋一個主題，藉這個主題引發師生許多相關的個人故事，再加入文化性、全球性的故事，繼而探討主題故事的過去、現在，形成建構未來故事的行動方案。其發展步驟如下：

1. 師生共同選擇一個有興趣的主題（具體的比概念性的主題好，例如「樹木」比「變遷」的主題易發展。
2. 教師思考此主題單元的主要學習目標。
3. 師生共同敘述與主題有關的**個人故事**，以熟悉主題的內涵。
4. 發展「現在」的（文化性）故事：

    (1) 以腦力激盪提出主題的相關事件、現象或問題。而後，教師依據文化脈絡可能牽涉到的幾個層面（圖例中為環境、法律、經濟、社會、全球觀點），列出相關的探討內容。
    (2) 建立各次概念（或事實）之間的聯結性，形成可探索的問題。
    (3) 依據這些問題，**提出「現在」人們發生的故事**，他們的行為、價值觀以及學生個人對這些事情的評價。

5. 修訂單元目標，並對應相關領域之能力指標。
6. 比較「現在」與「過去」的故事，其間的價值觀差別。
7. 依據自己所認同的價值觀，**建立所期望的「未來」故事**。

8.討論未來故事的行動策略。

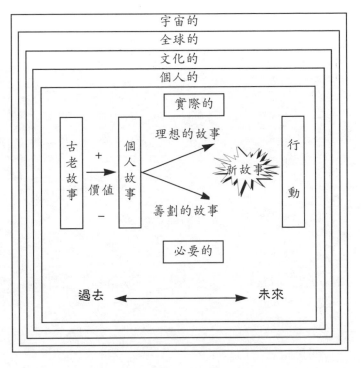

故事模式（Drake，1998，102）
【Drake，S.M.（1998）. Creating integrated curriculum:Proven ways
to increase student learning】

單元一
樹木

設計者：周淑卿

教學年級：六年級

單元總節數：12節

設計理念說明

　　台灣的環境問題日趨嚴重，尤其是近年來土石流的災害頻傳，讓台灣原來的好山好水走了樣，昔日安居樂業的村落一夕之間化為烏有。全球林地大量流失所造成的氣候、空氣問題，也威脅人類的生存。樹木在我們的生活中有著重要的作用；不管是提供休憩、美化環境、淨化空氣，或是供作器物製作的原料，樹與人有著密切的關係。發生在人和樹之間的事情，更是學生經常聽聞的故事。本單元採用故事中心課程中的「故事模式」。要由學生個人所知的現在與過去樹的故事，討論相關的環境事件與故事，並建立學生對未來環境永續發展的價值觀。

課程架構

學習階段：第三階段

涵蓋領域：語文、社會、自然與生活科技、健康領域；環境議題

概念架構

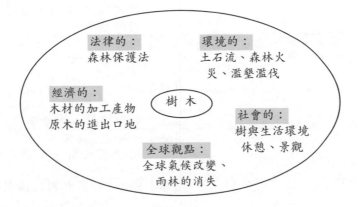

法律的：
森林保護法

環境的：
土石流、森林火災、濫墾濫伐

經濟的：
木材的加工產物
原木的進出口地

樹 木

社會的：
樹與生活環境
休憩、景觀

全球觀點：
全球氣候改變、
雨林的消失

＊探索問題：
1.大量的木材多用於何處而造成樹木濫伐？
2.樹木大量消失造成我們生活環境上的什麼問題？
3.哪些地方是原木的最大來源？他們的林地消失對全球環境產生什麼影響？
4.法律對於樹木的保護有什麼作用嗎？

※此架構僅是可能的案例，實際情況要視師生共同討論的結果而定。

課程目標

單 元 目 標	能 力 指 標
1.了解樹木與人類生活環境的關係。	【環】3-3-1了解人與環境互動互依關係，建立積極的環境態度與環境倫理。
2.認識樹木的加工及經濟價值。	【自】2-3-6-1認識日常用品的製造材料(木材)。
3.探討林地消失的問題、原因及其對環境的影響。 4.了解樹木與水土保持的關係。	【自】2-3-4-4知道生活環境中的大地與水，及它們間的交互作用。 【社】9-3-4列舉全球面臨與關心的課題，並提出問題解決的途徑。
5.了解森林保護措施的內容及其成效。	【環】3-3-3養成主動思考國內與國際環保議題，並積極參與的態度。
6.形成愛護自然環境的習慣與保護環境的行動。	【健】7-2-6參與社區中環保活動或計畫，分享其獲致的成果。 【綜】4-3-2探討環境的改變與破壞可能帶來的危險，討論如何保護或改善環境。
	【語】E-3-2-7在閱讀過程中，利用語文理解，發展系統思考。
	【語】E-3-7-5能共同討論閱讀的內容，交換心得。

教學活動

教學活動要點說明

教學活動名稱	教學要點	節數	對應目標
活動一： 樹的故事	讓學生就「我所知道的(一棵)樹」敘述有關個人與樹之間的事件(包括過去與現在的事件)。	一節	1.了解樹木與人類生活環境的關係。
活動二： 討論探索問題	師生共同腦力激盪，建立有關樹木的問題和概念架構(如架構圖)。	一節	
活動三： 樹與大地	1.欣賞「森林狂想曲」CD及樹、森林的圖照。 2.由活動一的故事共同討論，樹在人們生活中的重要性。	一節	1.了解樹木與人類生活環境的關係。
活動四： 樹的經濟價值	1.討論以木材作為原料的製品。 2.探討樹木大量消失的原因(山坡地濫墾濫建、森林盜伐)。	三節	2.認識樹木的加工及經濟價值。
活動五： 樹與環境問題	1.觀看土石流的影片、報導，探討台灣近來土石流的問題與山坡林木消失的關係。 2.討論雨林消失與全球氣候改變的關連。	三節	3.探討林地消失的問題、原因及其對環境的影響。 4.了解樹木與水土保持的關係。
活動六： 穿越時空隧道	1.閱讀討論《挖土機年年作響》。 2.討論過去與現在人們與樹、自然的故事。	一節	6.形成愛護自然環境的習慣與保護環境的行動。

活動七：拯救樹木	1.探討周遭環境中樹木的處境。 2.敘說一個期望中未來人與樹關係的故事。 3.討論有關保護森林的法律，以及各國如何拯救樹木。 4.擬定自己的行動策略。	二節	5.了解森林保護措施的內容及其成效。 6.形成愛護自然環境的習慣與保護環境的行動。

教學活動內容

活動流程	師生的活動	時間	教材/教學資源	注意事項
活動一：樹的故事	1.師生就「我所知道的（一棵）樹」敘述所知道的故事，不管是現在或過去的故事皆可。 2.教師提醒：樹和人生活在一起，彼此間有很密切的關係。	40分		請學生事先詢問長輩附近大樹的故事。或回憶自己曾接觸過的樹，以及在樹身上發生過的事件。

活動二： 討論探索問題	1.師生共同腦力激盪，提出有關樹木的任何問題或聯想。 2.教師提出一個「架構圖」，其中包含幾個重要面向(如環境、法律、政治、社會、全球問題)，並提示學生可以由這些面向，以及上一堂課樹的故事中引發更多的想法。 3.共同討論將某些可能太深或不相干的問題去除，留下可探討的問題。 4.教師重新整理上述結果，建立概念架構圖，並提出探索問題。	40分		這個活動是為了共同建構本單元的課程概念架構。
活動三： 樹與大地	1.欣賞樹、森林的圖照或影片。 2.欣賞「森林狂想曲」CD讓學生聆聽，感受一下森林裡的清新氣氛 3.學生自由發表對樹和森林的感覺 4.由活動一的故事共同討論，樹在人們生活中的重要性。例如人在樹下從事各種活動、樹木美化了空間、夏天裡讓大家感覺涼爽、森林提供一個休閒的健康空間。 5.教師歸納討論內容。	20分 20分	森林狂想曲CD	師生蒐集樹或森林的圖片、影片。

活動四： 樹的經濟價值	1.學生自由發表所知道的以木材為原料製造的東西（如各類家具、樂器、工藝品、建材、紙）。	40分	木材製品 雕刻藝品	能木分若學生帶一些製品來分享更好。
	2.取出數種木材製品、雕刻藝品，共同欣賞木材之美（紋路、質地、色澤、型態）。			
	3.共同討論：如果這些製品用塑膠或壓克力作原料，在使用上、美感上會有什麼不同？			
	4.教師說明木材製品吸引人之處，以及原木製品之受歡迎原因。			
	5.介紹世界主要的原木輸出地與輸入地，以及何以需要大量木材。			
	6.發給各組再生紙與原木紙漿製紙各一張，讓學生比較不同之處。	15分	再生紙與原木紙漿製紙	
	7.教師說明：木材是紙纖的主要來源，每製造一公噸紙張，就要消耗20棵高度8公尺、直徑16公分的原木。而一棵樹要長到這麼大，平均要20～40年的時間。	25分		公約份多科份一大少或教的示紙多紙本的提醒紙有報少書量

	8. 為讓學生了解到底樹木消耗的量有多大，讓學生到校園，找一棵大約有前述大小的樹。或者計算前述20棵的樹材體積，換算成較小樹木大約要多少棵樹。	投影片	提醒學生運用數學圓柱體的計算法。
	9. 以投影片說明原生紙與再生紙的製造過程。	20分	亦可配合其他活動時間讓學生嘗試製作再生紙。
	10. 說明原生紙與再生紙製造所產生的廢棄物、數量，以及對環境所造成的負擔。		
	11. 共同討論：電腦和網路的盛行，會節省紙張用量嗎？平常該如何節省紙張用量。	20分	
	12. 共同討論：如果樹木經濟價值這麼高，是否會帶來大量砍伐的問題？		
活動五：樹與環境問題	1. 觀看土石流的影片，請學生敘說自己所知有關土石流的故事。	10分 土石流報導影片	事先指定閱讀相關書籍，並要求學生透過各種管道蒐集林地濫伐與土石流的資料。
	2. 師生共同討論探討台灣近來土石流的問題與林木減少的關係。	15分	

	3. 教師說明台灣近十年來，林地面積的改變狀況，以及山坡地過度開發為住宅區、改種經濟利益高的作物（如檳榔、山葵）帶來的影響。	15分	投影片	事先觀察社區內樹木種植的範圍和大致數量。
	4. 共同討論：為什麼多種大樹可以避免土石流？	20分		
	5. 教師說明深根樹木對水土保持的作用。	20分		
	6. 請學生提出社區內樹木的種植數量與範圍及社區內空氣品質狀況。			
	7. 教師說明樹木對二氧化碳的吸收，可以改善空氣品質的原理。			
	8. 觀賞影片，介紹全球氣候暖化的問題。	40分	影片	
	9. 教師說明雨林面積減少造成氣候暖化的原理。			
	10. 介紹《京都議定書》中，世界各國對於二氧化碳排放量的限制，以及種植林地面積比例的要求。			
	11. 學生自由發表自己對森林重要性的想法。			

活動六： 穿越時空隧道	1.閱讀討論《挖土機年年作響》一書，發表對於工業開發造成現在與過去環境改變的想法。 2.學生敘述長輩們的生活環境。 3.討論過去與現在人們與樹、自然的故事。 4.引導學生發現：過去樹和人的關係與現今有些什麼不同，發現樹在現今的處境問題。	20分 20分	實物投影機	讓學生先去訪問家中的長輩：過去生活環境的故事。
活動七： 拯救樹木	1.由上一堂的討論，學生自由發表對周遭環境中樹木處境的看法。 2.教師介紹我國有關保護森林的法律，以及各國拯救樹木和雨林的行動。 3.分組討論，並敘說各組期望中未來人與樹或森林關係的故事。 4.擬定自己未來的行動策略：例如如何與家人、鄰居一起多種樹；如何關心周遭的樹木；如何在減少日常生活中減少木材的消耗。	15分 15分 50分		

評量方式：檢視各組發表的未來故事及行動策略是否包含個人的價值觀。

評量建議

1. 故事模式是一種過程模式的課程設計方式，教學過程卻結合了評量內涵及過程。所以應更重視歷程上的形成性評量。

2. 學生在學習過程中的資料蒐集、分享、心得可以放入個人的學習檔案中，作為評量的參考。但是更重要的是個人對未來故事的思考，以及行動策略的擬定。

對課程設計與實施者的建議

教學活動內容

　　故事模式的設計是一個「過程模式」的發展歷程，由課程架構到整個教學活動流程，都必須和學生一起互動來完成。本例雖然將教學活動流程完整呈現，但是在實際實施時，可能會因為學生所帶來的個人故事，以及他們對「現在」與「過去」故事的了解，而讓整個課程內容有大幅調整。所以教師雖然可以事先有教學構想，但是實施時卻不能固守著原定的計畫，而要更機動地依學生的「故事」對探討的內涵作調整。最後，學生要依據他們在整個學習活動中所建立的概念和價值觀，建構理想中的未來故事，並且擬定行動方案；而這些行動方案的變異性就更大了。這也正是故事模式充滿意義的地方。

　　所以，建議設計與實施者要多採用學生的「故事」和生活經驗，才會讓這個模式展現師生的經驗互動。

Chapter 5
問題中心課程

設計過程說明

提出待決問題

　　問題中心模式的起點是一個學生有待解決的問題。無論是班級的環境、學生的行為、有待完成的任務或是學校面臨的問題，都可以成為課程設計的起點。但是這個問題應該是學生認為的問題，而不是教師界定的問題。例如後例中的「小狗怎麼辦？」就是一個師生共同認為必須想辦法解決的問題。

師生共同討論解決方案

　　有了明確的問題，教師必須與學生共同討論可能的解決方式，並且共同評估各種可能方式的利弊得失，以及可行性，並據此分配行動任務。

形成初步單元目標、對應能力指標

　　依可能的行動方案所涉及的相關概念與技能內涵，擬定初步的學習單元目標，並尋找相關領域的能力指標。問題中心課程的發展屬於「過程模式」，設計者並不能事先設定所有進行的學習活動，所以目標也只是暫時性的，可進一步再發展、修正。

師生共同進行學習活動

　　依據大致的行動方案，共同進行問題解決的過程。教師則在過程中提供必要的資料或協助，並進行必要的教學。

單元一
小狗狗怎麼辦？

設計者：吳心怡
教學年級：四年級
單元總節數：6節

設計理念說明

　　還記得三年前初任教職擔任六年級導師，讓孩子們看了一部「返家十萬里」的影片，片中描述一名小女孩與一群野雁的故事，從中企圖讓孩子了解生態破壞、人與動物間的情感，以及生命尊重的意涵。當初覺得是一部挺不錯的活教材，看完後孩子們的反應也還不錯，但人算不如天算，隨後的打掃時間就帶來了一個嚴苛的考驗：孩子們在外掃區內發現四隻剛出生不久的小狗狗，興奮的回來向我報告，當時的我有如晴天霹靂般心想怎麼會這樣？從孩子眼神中又透露著剛剛課堂中大聲疾呼要愛護動物、尊重生命的「訓勉」，期盼老師能決定些什麼...，結果老師什麼都沒作只請他們去問學校工友伯伯看要不要養。事後覺得當時的那個決定無疑是給自己打了個大巴掌，似乎課堂所講的是一套，實際做的又是一套。

　　一年後一個贖罪的機會來了...，這一年我帶的是一班四年級的學生。在年底時學校來了一隻小搗蛋，常常趁「人」不注意，就將垃圾桶翻倒徹底檢查一番，不然就跑進辦公室「解放」，或跳上老師桌上吃東西。小朋友也發現了這隻小狗，雖然覺得牠還蠻可愛的，可是好髒、好臭喔！由於去年的「未竟事宜」，以及在學校一年了對學校中的互動形式也較為了解，覺得這似乎是個不錯的機會，所以決定和班上的孩子一起來「解決這條小狗」！

　　或許我們常在課堂上「說」一些解決問題的方式讓孩子知道，或是在孩子犯錯時告訴他，為什麼不這樣做、那樣做...，而很少有機會和他們一起想辦法，並真的做做看是否真能解決問題。很高興能有這次的機會能與孩子們一同合作，並解決了我一年前的未竟事宜。在班級中常常

會有一些待解決的問題，我們會因為時間問題、覺得麻煩而將其忽視，或期待它自然解決，再不然就老師親自出馬大刀闊斧，三兩下就解決了。而「問題中心模式」的課程統整，似乎提供了老師另一不錯的選擇，與其我們道理說得滿天亂飛，孩子似乎一個也抓不著，不然就是滿腦知識卻遇到問題時不知要用哪一個，造成「知」、「行」分離。所以利用實際、或老師創造的模擬情境，讓孩子一起來解決問題，或許孩子實際的收穫與感受會出乎我們意料之外。

課程架構

學習階段：第二階段

涵蓋領域：語文、自然、社會、環境議題

概念架構

探討問題	學習重點
小狗狗怎麼辦？ 1.為什麼會有流浪狗？ 2.我們可以養牠嗎？ 3.學校和家長會答應嗎？ 4.要養在學校哪裡？ 5.怎麼捉住牠？ 6.誰來照顧牠？ 7.會不會有傳染病？ 8.小狗狗要吃什麼？ 9.怎樣照顧小狗？ 10.假日怎麼辦？畢業了怎麼辦？	1.流浪狗的成因、造成的問題與解決之道。 2.說服別人的態度與技巧。 3.狗的習性。 4.與寵物相處的方法。 5.小狗未來的安置計畫。

課程目標

單 元 目 標	能 力 指 標	
1.能夠與他人共同討論流浪狗的成因與解決的方式。	【環境】	4-2-3能分析評估國內區域性環境問題發生原因,並思考解決之道。
2.能有技巧的說服別人並對自己的承諾負責。	【語文】	C-2-3-6能言談中肯,並養成說話負責的態度
	【語文】	F-2-3-4能配合學校活動,練習寫作應用文。
	【社會】	6-2-3實現個人對其所屬之群體所擁有之權力和所負之責任。
3.了解小狗的生活習性及照顧方法	【自然】	2-2-2-2知道陸生(或水生)動物外型特徵、運動方式,注意到如何去改善生活環境、調節飲食,來維護它的健康。
4.透過對寵物的了解,進而學習與寵物相處的方法。	【自然】	2-2-2-1實地種植一植物,飼養一種動物,並彼此交換經驗。
5.能夠妥善安排小狗的未來。	【語文】	C-2-4-10能與人討論問題,提出解決問題的方法
	【語文】	B-2-2-10能從聆聽中,思考如何解決問題。
6.了解尊重生命的意涵。	【語文】	C-2-2-4能與人理性溝通,並表達情意
7.能分享此次照顧小狗狗的心得與感想。	【語文】	B-2-2-4能在聆聽過程中感受說話者的情緒

教學活動

教學活動要點說明

教學活動名稱	教學要點	對應目標
活動一： 學校中的意外訪客	1.拋出校園來了隻流浪狗的問題，讓孩子提出意見。 2.探討流浪狗從何而來？	1.能夠與他人共同討論流浪狗的成因與解決的方式。
活動二： 我們可以養牠嗎？	1.依據任務需求將孩子分為行動組、遊說組、資料組、偵察組各自進行工作。 2.各組報告成果與資料分享。	2.能有技巧的說服別人並對自己的承諾負責。 3.了解小狗的生活習性及照顧方法。
活動三： 我與小狗	1.Kelly的成長日記。 2.Kelly的生活照顧。	4.透過對寵物的了解，進而學習與寵物相處的方法。
活動四： Kelly的未來	1.引導孩子思考Kelly一直待在班上的得、失。 2.共同討論怎樣的生活環境對他最好？	5.能夠妥善安排小狗的未來。
活動五： 再見Kelly	1.為Kelly尋找一個適合的家。 2.與孩子討論下次如果再遇到相似的情況，我們該如何處理？ 3.讓孩子了解流浪狗的命運差別，從中習得生命尊重的體認。 4.孩子間彼此分享這陣子與Kelly相處的心情。	6.了解尊重生命的意涵。 7.能夠分享此次照顧小狗狗的心得與感想。

教學活動內容

活動一　學校中的意外訪客

活動流程	師生的活動	時間	教材/教學資源	注意事項
一、故事引導	老師講述「我和我家附近的野狗們」的故事，和學生分享。	25分	我和我家附近的野狗們（信誼）。	事前請學生蒐集有關流浪狗的事件與相關報導。
二、提問與討論	請學生分組討論： 1.流浪狗所引發的環境問題有哪些？ 2.目前我們政府對流浪狗如何處理？你認為這些處理方式有沒有問題？			
三、深究討論	※教師提出問題的事件： 幾天前學校跑來了一隻流浪的小狗，經常在校園裡惹麻煩，但是無家可歸的牠又非常可憐，我們可以怎麼辦？ ※引導問題： 1.小狗可能是從哪裡來的？ 2.狗狗在學校造成了哪些令人困擾的問題？ 3.我們可以做些什麼事來幫助這隻小狗？	15分		

活動二　我們可以養牠？

活動流程	師生的活動	時間	教材/教學資源	注意事項
一、故事引導	講述「安娜想養一條狗」的故事，並討論怎樣才是個好的狗主人。	20分	安娜想養一條狗（上誼）。	
二、思考與討論	我們有能力養這隻小狗嗎？			
三、腦力激盪	※引發學生發表： 1.學校（父母）會答應讓我們養小狗嗎？ 2.小狗會不會是這附近居民失蹤的狗？ 3.誰要來照顧牠？（大便誰要清理？） 4.我們要將小狗養在學校哪裡？ 5.小狗狗要吃什麼？一天要吃幾次？ 6.沒有狗籠怎麼辦？ 7.小狗可能有傳染病，怎麼辦？ 8.小狗咬人時怎麼辦？ 9.誰要來捉小狗？ 10.養小狗的錢從何而來？			本班學生討論之後決定認養小狗。

四、任務分配	※引導問題： ＊為了實現照顧小狗的夢想，由師生共同討論進行分工合作。 1.偵察組：查探附近居民是否有小狗走失？小狗在學校的藏身地點在哪？小狗白天常出沒的地方？ 2.遊說組：負責說服學校及家長同意，讓我們在學校養狗。契約書的擬定，與校長、家長的溝通 3.資料組：負責蒐集有關小狗的生活習性，及如何飼養小狗的相關資料？ 4.行動組：負責捉住小狗，帶小狗去狗醫院洗澡、打針。	20分	契約書（附件一）→明確指出從中可學習到的項目，以及應負的責任為何？（以不帶給學校、家長困擾為最高原則）	確定小狗不具危險性。
五、任務執行與成果發表	1.分組進行資料蒐集。 2.發表行動策略與成果。	利用課堂外時間		各組完成任務後報告。
評量方式：討論、發表、執行成果（契約書）。				

活動三　我與小狗

活動流程	師生的活動	時間	教材/教學資源	注意事項
一、小狗的基本資料	共同討論： 1.小狗的性別是？ 2.小狗的名字要叫？ 3.小狗的生日是12月31日（因為這天班上正式收養他）。	40分		
二、設計小狗的一天活動流程	老師引導小朋友思考小狗一天生活事項，以及我們能配合的時間，經由討論為狗狗安排一天活動流程。			＊讓學生了解：照顧狗是我們行有餘力而做的事，而不能因為照顧牠而影響到學校的學習活動。
三、kelly的生活日記	1.將全班小朋友，分為二人一組，每日輪流照顧小狗。 2.並由每日的照顧者為Kelly寫下生活日記（包含：吃飯情形、排泄狀況、心情如何...等）。	課堂外時間	生活日記單（附件二）	

評量方式：討論、發表、生活日記單的紀錄。

活動四　Kelly的未來

活動流程	師生的活動	時間	教材/教學資源	注意事項
一、引導思考	1.請學生就小狗的生活日記內容作簡要報告 2.教師提問： 從Kelly的生活日記中，發現Kelly似乎每天都很愉快。但Kelly真的快樂嗎？（請孩子發表意見）	40分		
二、深究討論	學生共同討論 1.Kelly一天的時間只有中午、及放學後才能放出籠子，出來活動牠快樂嗎？ 2.每天小朋友回家後，Kelly只能孤伶伶自己待在回收站，直到隔天早上才會有小朋友來看牠，這樣牠快樂嗎？ 3.假日，如果沒人來看牠就要待在籠子裡一天，而且沒東西吃，這樣牠快樂嗎？ 4.天氣這麼冷，Kelly的毛剃光光，雖然我們讓牠穿毛衣，可是牠常常縮在一起發抖，這樣牠快樂嗎？ 5.我們應該怎樣才能讓Kelly過真正快樂的日子？			

三、決定行動方案	師生共同討論如何給小狗較好的生活環境，並決定任務分工以及進行的方式。			學生決定為小狗找一個好主人。

活動五　再見Kelly

活動流程	師生的活動	時間	教材/教學資源	注意事項
一、幫Kelly找個主人	1.製作宣傳海報。 2.詢問親朋好友是否有人要養小狗？	課堂外		依行動方案分組進行。
二、影片欣賞與討論	1.影片故事簡介與欣賞。 2.問題討論： a.片中小女孩為何想要養那些野雁呢？ b.如果片中的爸爸不支持小女孩，你覺得她有辦法完成這件事嗎？ c.如果你是片中的小女孩，你會怎麼做？你的父母會支持你嗎？為什麼？ d.你覺得片中小女孩養野雁和我們養小狗的原因、過程及結果，有什麼相似點和不一的地方？	40分	影片：「返家十萬里」片段。	

三、心情饗宴	1.下次如果再遇到相似的情況,我們該如何處理?(與孩子共同歸納出解決步驟爲何。)	40分		
	2.彼此分享這陣子與Kelly相處的心情。			
	3.了解流浪狗的命運差別,從中習得生命尊重的體認。			
	a.家犬與野狗的差別爲何?			
	b.大部分流浪狗的命運爲何?			
	c.在你能力所及的範圍內,你能做些什麼?			
四、拍照留念	1.與Kelly合照。		相片日記(附件三)	
	2.將照片黏貼於相片日記中。			

評量方式:宣傳單、討論、發表、相片日記。

後 記

　　Kelly在學期末時，順利送給班上一位小朋友的「阿伯」帶回宜蘭飼養，如同當初預計的並且我們做到了。事過境遷依然可清晰記得答應孩子可以養小狗時，他們臉上那興奮中帶著難以相信的表情。這次的課程不但給了孩子一段難以忘懷的學習，更圓了老師的一個夢，第一年因為自己的膽怯與懷疑而錯失了一個機會，第二年天時、地利、人和促成了這次奇妙的經驗，或許也再次證明了老師在整個教學中所掌控的「權力」：孩子會因為你的「決定」，而得到截然不同的學習經驗。

　　問題中心的課程統整，其最大的優點與特色應在其明確性，它事出有因而我們所要做的就是解決它。老師在整件事中所扮演的應是位支持者與引導者，支持孩子的決定並引導其解決問題，我們並不期待一次的課程方案，就能讓孩子完全明瞭，變得聰明懂事。也不期望全班每位孩子投入的心力都一樣，但這似乎是個不錯的開始。問題每天都在孩子與老師之間徘徊，而老師是該視而不見、讓孩子自己去解決，還是陪孩子一同解決...，其決定權都在老師身上。除此之外，老師的職責之一應是如何將理想實踐於現實之中，而非在孩子小小年紀中，無形的灌輸他「說」與「做」之間是很難兼顧的，所以「知行合一」應是問題中心課程的最高指導原則吧！

附件一　契約書

一、照顧可憐的小狗

二、學習

　　1.從中體會父母照顧我們的辛苦。

　　2.照顧小動物的方法。

　　3.培養耐心。

　　4.與同學相處的技巧（分工合作）。

　　5.培養責任感。

三、責任

　　1.取名字（英文名字 → Kelly；
　　　　　　　中文名字 → 凱利）。

　　2.清理大、小便。

　　3.餵食。

　　4.買狗籠、狗鍊。

　　5.活動空間。

　　6.陪牠遊戲。

　　7.帶狗狗去給獸醫洗澡、打針。

　　8.訓練小狗狗生活常規。

四、計畫

　　1.尋找狗籠、狗鍊。

　　2.打預防針、洗澡。

　　　　　　　　　　　　　　　簽名：

附件二

小狗狗Kelly生活日記

日期	餵食	散步	排泄情形	狗狗心情	照顧者

附件三　相片日記

Kelly 與我

Kelly 謝謝你讓我留下美好
的回憶，希望你新的主人能
對你很好。

汪

變頭上

Kelly 與我

Kelly是在學校後山被發現的，經過我們
的細心照料，變成一隻健康可愛的小狗，我
喜歡跟Kelly玩，牠也喜歡在我旁邊跑
來跑去。後來Kelly送給別人了，雖然
我很難過，但是我還是希望Kelly有
個溫暖的家。

Part III

綜合分析與建議

周淑卿

案例分析

　　本書共引介了五種模式的統整課程設計途徑：包括主題式（科際式、超學科式）、故事中心模式（說故事模式、故事模式）、問題中心式。設計者所選用的題材、所組織的概念及其教學活動的進行方式，各有不同的取向與重點。然而共同的是：結合不同角度的知識與概念，讓師生共同探討與理解某個問題。

　　在科際式課程的兩個案例中，「記者」主題的中心概念其實是「行業」，設計者主要藉著「記者」這個行業帶領學生了解：各個行業會因其特殊的工作內涵而要求不同的工作能力；不同的工作性質讓這個行業中的人有不同的生活型態，也會對社會有不同的影響。如果學生能獲得這些概念，就能遷移至對其他行業的探討與認識，而這些概念也形成生涯探索的基礎。這也正是九年一貫課程所強調的「帶得走的能力」。「風箏」的主題來自兒童生活中經常接觸的遊戲，由這個遊戲卻能引發許多重要概念的理解。這個主題的中心概念其實是「發明物」，學生可以藉此了解一種發明物的歷史、原理、設計與運用。未來如果再探討更複雜的發明（例如網路），也可以運用類似的理解途徑去探索。

　　超學科的主題式課程其實在設計上並不難，但是在一個強調分科教學、實施分科課表、重視每週平均配課的學校環境中卻很難實施。本書中的三個案例—「男女同不同」、「雨」、「蠶」，都是學校裡常用的題材，只要設計者能事先思考主題之下所要處理的重要概念，整個單元即可帶給學生更整體性的學習。當然，從學科的角度來看，「雨」和「蠶」的單元似乎是以自然科學為主，未兼重或涵蓋較多學科。但是這又何妨？以長遠的學習來看，只要全學期的課程不特別偏廢某些範疇的學習即可。而教師如何能確信這一點？這即須藉助全學期（或學年）的課程計畫及各階段能力指標的檢核。

　　故事中心及問題中心課程其實都可稱為超學科課程，因為都是不理會科目的界限問題，而是重視整體問題的理解，而且是真正的過程模式。這樣的課程根本無法事先全部設計好，而是教師事先有個目標、架構的雛型，然後在課堂中和學生一起發展所有的學習內容。所以非要到課程全部結束，沒有人能預設最後課程的全貌。正因為只有實際教學的人才能建構此種課程，於是它也正是教師不可被其他課程專家取代的一個明證。課程理論上一直在強調，教師不應該總是在實施外來專家設計好的套裝課程，而應該在師生互動的過程中建構活生生的課程。因為後者才能真正體現教師與學生的主體性，才有充滿生命意義的課程經驗。許多人認為，此種論調只不過是學者的象牙塔之見，根本不可能在教室中出現。如果這樣的理論真的無法實現，就讓這理論死去吧！但是我總不信教室中沒有追求師生共同意義的課程存在。

　　「我很特別」以及「小狗狗怎麼辦」這兩個單元是所有案例中最令我感動的的課程。設計的兩位老師也覺得自己有深刻的感動。為什麼感動？因為我看到了理論上所謂「充滿師生共同意義」的課程，也確信一定有這樣的老師致力於追求屬於教師與學生的主體價值。對人情感的牽引，勝過所有邏輯嚴密、次序井然的設計。也許我也要大膽地說，所有能事先全部設計好，將所有教室反應一一預料的課程，無法感動人心。如果要找對照組，我自己所設計的「樹木」單元，因為沒有實際在教室中實踐，沒有孩子與老師的個人故事在其中互動，無法開展故事的生命力；看得到概念邏輯，卻缺乏了歷程意義。以這樣的判準來思考，也許還可以說，教科書或套裝課程不論如何精心規劃，從來不可能是理想的課程，因為只有老師才有機會賦予課程真實的生命。

建議

　　不論用何種模式來設計統整的課程，設計者最好都能把這些方案當作是一個「腹案」，而不是一個「定案」。最好都能讓學生的經驗、想法和教師一起互動。如果課程方案都只是教師的想法，沒有學生經驗的加入，這樣的統整課程就很難達到所謂「經驗的統整」。而實施者若是固守著原來的計畫，沒有保留過程中調整的可能性，也失去了統整課程的「開放性」。

　　本書所有的案例雖然看來都是完整的，看起來似乎事先就設定好了，但這是為了呈現一個完整的方案內容，以便看起來更容易了解。其實，像故事中心課程及問題中心課程都是很典型的「過程模式」，非要教師和學生一起走一遍，否則很難知道到底會具體地討論些什麼問題，也不可能得知最後的結果是什麼。而像這樣師生共同參與的課程，才是更值得我們追求的，因為這當中才有活生生的師生互動經驗，課程也才真正擺脫「工廠模式」。

　　此外，建議未來設計與實施統整課程者，可以更關注社會議題及學生經驗，不侷限於節慶、時令等主題，而讓學生有更開闊的視野，更擴展對社會、對人群的理解。如此，統整課程才可能達到「社會的統整」及「知識的統整」。

　　在課程實施時，可以考慮以幾個塊狀時間（block time）來安排統整單元的教學。亦即，班群教師可以選擇幾個上午或下午，安排連續四節課為一個時間區塊，這段時間就是依照單元活動順序來進行。如此才能確保單元內容的整合度。否則，原本設計好的活動，卻因遷就既定的課表，再度被分割零碎，則又失去統整的意義了。

　　本書的各個案例多以中高年級為對象，或許是個巧合，也或許因為設計者任教的年級以中高年級居多。無論如何，也可以提醒學校教師，並不是低年級較適合實施統

整課程；也不是年級愈高愈不易設計統整課程。各案例所呈現的教學活動只是設計者的想法，應該還有更好的活動。原本，我也不敢將自己設計的單元放入本書，因為心裡總有個障礙：自己經常在評審學校教師的課程方案，如果設計得不理想，豈不是「自壞形象」？我說服自己：沒有任何課程方案是完美的，我何必要求自己應該設計出完美的方案？我不是要求自己追求理論與實際的合一嗎？所以我應該依自己所理解的理論，實際設計出一個方案，並且訴諸實務工作者的評論。於是，我試著寫了兩個單元，也不揣簡陋地和多位實務經驗豐富的老師所設計的方案並列。我相信，有經驗的老師可以設計出更好的活動。

　　建議讀者以批判的眼光來看待每一種模式、每一個單元課程，檢視其可行性與合理性，以期創發出更合乎本土情境的課程統整方式。

中輟學生的危機與轉機
吳芝儀 ◎著
定價 350元

　　近年來，社會上連續發生多起駭人聽聞、令人髮指的青少年集體凌虐或殺人事件，惡質殘忍的手段擾得人心惶惶，深怕危機就隱藏在自己生活的周邊。更令人難堪的是，在連串類似情節的青少年集體暴力犯罪事件中，我們經常會發現，無論施暴者或是受暴者多是學習成就低落、自認被主流教育體系所放棄的「中輟學生」。這些原應該在校園中愉快地學習和成長的「我們的孩子」，竟然以如此兇狠殘暴的手段來反噬我們在教育上所付出的心力和成本，著實令肩負著教育使命的教育工作者和家長，感到挫折、難過、痛心和不知所措。

　　識此之故，我們一方面要深入推敲究竟是什麼因素導致這些「我們的孩子」執意掙脫學校的樊籠，另一方面更要仔細尋思有效的策略和方法來將中輟學生所造成的社會危機減到最低。

　　本書乃將個人近年來在中途輟學成因和中輟防治策略兩方面的探究心得有系統地加以彙整，因此本書的目的有二：一方面試圖從多元角度理解中輟學生的問題，二方面深入探討能解決中輟學生問題的有效中輟防治策略和選替教育方案。期能藉由本書的分析和整理，提供關心中輟學生問題的教育、輔導、社福、警政、法務等不同專業領域的實務工作者參考，協力促成國內中輟學生教育和輔導方案的長足發展，以有效消弭青少年中途輟學或犯罪的問題，減低少年偏差和犯罪行為對社會之戕害。

英國教育：政策與制度

李奉儒 ◎主編

定價 420元

　　隨著國內教育改革的風起雲湧，如何參考借鑑先進國家的教育政策與制度，掌握其教育問題與實施缺失，就成了比較教育研究的焦點。在這些國家中，英國自一九八八年教育改革法頒佈以來，在教育政策與制度方面有很多的變革，其改變之劇烈、範圍之廣闊和影響之深遠，頗值得比較教育研究者關心與瞭解。本書的主要目的正是要分析英國近年來主要教育政策與制度變革之背景、現況與與發展趨勢，提供給關心我國教育研究及教育改革者作爲參考。

　　比較教育研究的目標可概分爲理論性與實用性目標：前者是根據歷史、文化、政治經濟、社會地理、宗教等因素來了解各種教育現象；這種科際整合性格，促使比較教育結合其他學門如哲學、社會學、經濟學、政治學等學科的研究成果，致力於教育問題的解決。後者則是藉由比較教育研究結果來提供教育決策的建議，藉以改善本國的教育制度；這種借用外國有用的教育設計來改善本國教育的實用性格，說明了比較教育研究一開始就是對於跟本國相異的外國教育和文化等相異性產生興趣，進而以改良或改革本國教育制度爲其目的，而嘗試的一種外國教育研究。

生涯輔導與諮商《理論與實務》
吳芝儀 ◎著
定價 600元

　　本書彙整當前有關生涯發展、生涯選擇、生涯決定理論，及針對小學、中學、大專各階段學生實施的生涯輔導方案，以提供各級學校老師位學生實施生涯輔導與規劃的理論依據和策略參考。本書並彙整作者數年來帶領學生進行生涯探索與規劃的團體活動教材，除提供老師們設計活動之參考外，更可直接作爲學生自我學習的活動手冊，引導學生自行進行生涯探索與規劃。

生涯探索與規劃《我的生涯手冊》
吳芝儀 ◎著
定價 320 元

　　本書涵蓋了自我探索、工作世界探索、家庭期待與溝通、生涯選擇與決定、生涯願景與規劃、生涯準備與行動等數個與生涯發展相關的重要議題，均提供了循序漸進的個別或團體活動，以輔助青少年或大專學生的自我學習，並可運用於生涯輔導課程、生涯探索團體、或生涯規劃工作坊中，作爲輔導學生進行生涯探索與規劃輔助教材。

爲什麼得不到我想要的？
《自我基模改變策略》
Charles H. Elliott, Ph.D & Maureen Kirby Lassen, Ph.D ◎著
劉惠華 ◎譯
定價 280元

　　認知心理學領域最新的發展-基模治療-提供了一個革命性的新取向，來擺脫對自我價值和人我關係產生重大破壞的負向生活模式。本書運用自我評量測驗和練習，說明要如何辨識生活的不適應基模，檢視觸發它們的事件，而後發展適應的策略，以對自己與他人有新的了解。

研究方法 系列

行動研究：生活實踐家的研究錦囊

Jean McNiff & Pamela Lomax & Jack Whitehead ◎著

吳美枝、何禮恩 ◎譯者

吳芝儀 ◎校閱

定價 320元

　　本書『行動研究－生活實踐家的研究錦囊』關注行動研究的各個階段，並採取一個實務工作者–研究者的取向（從行動計畫到書寫報告），提供一些具體有用的建議，包括蒐集、處理與詮釋資料的議題，以及行動研究報告的評鑑標準等。本書的實務取向將鼓舞讀者嘗試新的行動策略來改善他們自身的實務工作，並持續尋求更好的專業發展。一系列行動研究(action research)的循環過程，則是促使教師能秉其專業知能設計課程與建構教學的最有效方法。

質性教育研究：理論與方法

Robert C. Bogdan & Sari Knopp Biklen ◎著

黃光雄 ◎主編/校閱

李奉儒、高淑清、鄭瑞隆、林麗菊

吳芝儀、洪志成、蔡清田 ◎譯

定價 450元

　　本書其目的在於為質性研究在教育上的應用提供一個可理解的背景，檢視其理論根基和歷史淵源，並討論實際進行研究的特定方法。除此之外，還包含性別研究和女性主義、後現代論、解構論、電腦科技之應用於質性資料蒐集、分析和報告撰寫等之議題，最後並聚焦於質性教育研究之應用研究—討論有關評鑑、行動和實務工作者的研究。

質性研究入門
《紮根理論研究方法》

Anselm Strauss & Juliet Corbin ◎著

吳芝儀、廖梅花 ◎譯

定價 400元

　　研究者之經常面對一些問題：如何理解研究材料？如何產生理論性詮釋？如何將詮釋紮根於研究材料中？如何突破分析情境中所無法避免的歧見、偏見和刻板化觀點？本書之目的，即是在循序漸進地回答與進行質性分析有關的問題。並企圖為準備展開其初次質性研究方案的研究者，以及想要建立實質理論的研究者，提供基本的知識、技術和程序。

社會人文 系列

校言校語

《四十年教育心旅》

吳景南 ◎著

定價 220元

「校言校語」是一個服務於教育工作四十年校園老園丁的諄諄絮語，既非道貌岸然的孝言孝語，亦非幽默有趣的笑言笑語，而是表達作者對學校教育與辦學經營的善言善語；它們也是好言好語，希望有助於促進青少年的身心健康與生命的永續發展。作者傳承其寶貴的學校辦學與青少年學輔導的實務工作經驗，提供校園師生分享共勉。

希望之鴿（一）（二）

國立嘉義大學家庭教育研究所 ◎主編

定價 240元；定價 220元

從國內外犯罪學家的研究發現，大部分的犯罪成因可謂與家庭因素息息相關，家庭教育的健全與否關係著該社會犯罪率的高低。本書集合32位收容人及每個家庭過去的成長背景、教育方式、及造成家庭成員墮落為犯罪者的無奈與辛酸、也包括收容人目前親職問題及其困難、與往後生涯規劃的瓶頸…

社團輔導 系列

大專社團輔導實務

朱偉競 ◎著

定價 360元

本書分別以不同章節來闡述社團的意義、社團輔導的意涵、社團共通性的輔導、學生會的輔導、一般社團的輔導，更蒐錄了許多寶貴又實用的社團法規制度及實例，當可供大專院校八千多位社團指導老師及第一線的學務工作同仁參考運用。

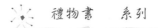
禮物書　系列

吉娃娃的有情世界

莫問 ◎著

定價 200元

每個人在自己的成長過程中　　　　問題　也許從來不會是單選題
一定有許多的疑問？　　　　　　　答案　更可能根本不會出現
到底是要問　還是不問？　　　　　最後　說不定
究竟問了　有沒有答案？　　　　　答案的存在與否
得到的答案　是不是自己想要的？　也不是那麼重要
　　　　　　　　　　　　　　　　讓我們用一點心來瞧瞧
或許問與不問　都是因為一時興起　這個有情世界.......

即 將 出 版

婚姻與家庭　　　　　　　　　　嘉義大學家教所著
家庭教育學　　　　　　　　　　嘉義大學家教所著
親職教育　　　　　　　　　　　嘉義大學家教所著
情緒發展　　　　　　　　　　　黃世琤 等譯
生活經驗之研究　　　　　　　　連雅慧、高淑清譯
新世代環保政策（生態觀點）　　許舒翔、李建宏、張月琪譯
敘事研究　　　　　　　　　　　廖梅花 譯
敘事心理學　　　　　　　　　　朱儀羚 等譯
教育測驗與評量　　　　　　　　潘靖瑛 譯
訪談陌生人　　　　　　　　　　林麗菊 譯
青少年法治教育　　　　　　　　陳慈幸 主編
團體教學　　　　　　　　　　　吳麗君 譯
法律與生活　　　　　　　　　　陳慈幸 主編
社會福利學　　　　　　　　　　鄭讚源 主編
危機學生綜合輔導方案　　　　　吳芝儀 主編
走入地方文化　　　　　　　　　林崇熙、黃也瑜著

國家圖書館出版品預行編目 資料

課程統整模式《原理與實作》／周淑卿主編. - -
初版. - - 嘉義市：濤石文化，2002【民91】
　　面；　　　公分
ISBN 957-30248-5-3 (平裝)
1.九年一貫課程　　2.小學教育—課程
　523.4　　　　　　　　　　90021225

課程統整模式《原理與實作》

主　　　編：周淑卿
出 版 者：濤石文化事業有限公司
責任編輯：林芳如
封面設計：白金廣告設計 梁叔爰
地　　　址：嘉義市台斗街57-11號3F-1
登 記 證：嘉市府建商登字第08900830號
電　　　話：(05)271-4478
傳　　　眞：(05)271-4479
戶　　　名：濤石文化事業有限公司
郵撥帳號：31442485
印　　　刷：鼎易印刷事業股份有限公司
初版一刷：2002年1月(1-1000)　　初版二刷：2003年3月
I S B N：957-30248-5-3
總 經 銷：揚智文化事業股份有限公司
　　　　　　台北市新生南路三段88號5F-6
電　　　話：(02)23660309
傳　　　眞：(02)23660310
定　　　價：新台幣300元
E-mail ：waterstone@giga.com.tw
http://home.kimo.come.tw/tw_waterstone